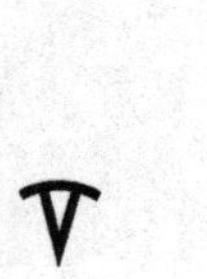

GERHARD BEGRICH

Genesis

Das erste Buch Mose
neu übersetzt und erläutert

RADIUS

Dr. Gerhard Begrich, geboren 1946 in Deesdorf bei Halberstadt. Aufgewachsen in Erfurt. Studium der Theologie, Orientalistik und Ägyptologie an der Humboldt-Universität in Berlin. Promotion und Habilitation. Pfarrer an der Marktkirche in Halle/Saale. Direktor des Predigerseminars in Gnadau. Von 1993 bis 2008 Rektor im Pastoralkolleg der Ev. Kirche der Kirchenprovinz Sachsen. 2003 Verleihung des Emil-Fackenheim-Preises.

Von Gerhard Begrich liegen im Radius-Verlag vor:

Engel und Engelgeschichten in der Bibel

Namen und Namengeschichten in der Bibel

Schönheit gilt es zu schauen. Theologie und Poesie

Herausgegeben zusammen mit Matthias Hahn:

Bibel – Bilder – Biographie. Biblische Texte für Kirchenferne

Und zusammen mit Jörg Uhle-Wettler:

Vergessene Texte. Assoziationen
Bd. 1: Mit den fünf Büchern Mose durch das Kirchenjahr
Bd. 2: Mit den Propheten durch das Kirchenjahr
Bd. 3: Mit den Psalmen durch das Kirchenjahr
Bd. 4: Mit den Apokryphen durch das Kirchenjahr

ISBN 978-3-87173-970-5

Umschlag: André Baumeister
Auf holz- und säurefreiem Werkdruckpapier gedruckt
Gesamtherstellung: CPI – Clausen & Bosse, Leck
Printed in Germany

GENESIS

*Franz Rosenzweig
und Martin Buber
zum Gedenken*

1 (1) Zu Beginn dichtete Gott den Himmel und die Erde.

(2) Aber die Erde war unbelebbar und wüst, und Finsternis lag über dem Abgrund, und der Sturmbraus Gottes tobte über dem Wasser.

(3) Da sprach Gott: »Licht werde« – und Licht ward.

(4) Gott sah das Licht, dass es schön war. Gott schied das Licht von der Finsternis.

(5) Gott rief dem Licht zu: »Tag!« Und der Finsternis rief er zu: »Nacht!« Es ward Abend, es ward Morgen. Ein Tag.

(6) Gott sprach: »Es sei das Firmament zwischen den Wassern, dass es trenne Wasser von Wasser.«

(7) Gott machte das Firmament – und das trennte die Wasser unterhalb des Firmaments von den Wassern oberhalb des Firmaments. Und so geschah es!

(8) Gott rief dem Firmament zu: »Himmel!« Es ward Abend, es ward Morgen. Der zweite Tag.

(9) Gott sprach: »Die Wasser sollen sich sammeln unterhalb des Himmels an einem Ort, damit das Trockene sichtbar werde.« So geschah es.

(10) Gott rief dem Trockenen zu: »Erde!« Und der Sammlung der Wasser rief er zu: »Meere!« Gott sah, dass es schön war.

(11) Gott sprach: »Aufgrünen lasse die Erde frisches Grün, Pflanzen Samen tragend, Fruchtbäume Früchte bringend gemäß ihrer Art, darinnen der Same ist auf Erden.« So geschah es.

(12) Die Erde brachte hervor frisches Grün, Pflanzen Samen tragend gemäß ihrer Art und Bäume Frucht bringend, darinnen ihr Same ist, gemäß ihrer Art. Gott sah, dass es schön war.

(13) Es ward Abend, es ward Morgen. Der dritte Tag.

(14) Gott sprach: »Es werden Leuchten am Firmament des
Himmels, um zu scheiden Tag und Nacht, und sie sollen
sein zum Zeichen und für verabredete Zeiten und für
Tage und Jahre.
(15) Und sie sollen als Lichter stehen am Firmament des
Himmels, um zu scheinen auf die Erde.« So geschah es.
(16) Gott machte die zwei großen Leuchten: das größere
Licht zur Herrschaft über den Tag und das kleinere Licht
zur Herrschaft über die Nacht und dazu die Sterne.
(17) Es setzte sie Gott an das Firmament des Himmels,
damit sie leuchten auf Erden
(18) und bestimmen den Tag und die Nacht und zu scheiden zwischen Licht und Finsternis. Gott sah, dass es
schön war.
(19) Es ward Abend, es ward Morgen. Der vierte Tag.
(20) Gott sprach: »Es wimmeln die Wasser, ein Schwarm
lebendigen Lebens und Vogelflug fliege über der Erde
unter dem Firmament des Himmels hin.«
(21) Gott schuf die großen Seetiere und alles lebendige
Leben, das wimmelt, sie schwärmen im Wasser nach ihrer Art und alle beschwingten Vögel gemäß ihrer Arten.
Gott sah, dass es schön war.
(22) Es segnete sie Gott, indem er sprach: »Seid fruchtbar
und vermehrt euch und füllet die Wasser in den Meeren
– auch die Vögel sollen zahlreich werden auf Erden.«
(23) Es ward Abend, es ward Morgen. Der fünfte Tag.
(24) Gott sprach: »Hervor bringe die Erde lebendiges
Leben nach seiner Art, Vieh und Kriechtiere und Lebewesen der Erde nach ihrer Art.«
(25) So machte Gott die Lebewesen der Erde nach ihrer
Art und das Vieh nach seiner Art und alle Kriechtiere des
Ackerbodens nach ihrer Art. Gott sah, dass es schön war.
(26) Gott sprach: »Wir wollen Menschen machen in unserem Bilde als unsere Nachbildung, und sie sollen sich
kümmern um die Fische des Meeres und die Vögel des

Himmels und das Vieh und um alles Getier der Erde und um alle Kriechtiere, die auf Erden kriechen.«

(27) Gott schuf den Menschen in seinem Bilde, im Bilde Gottes schuf er ihn, männlich und weiblich schuf er sie.

(28) Es segnete sie Gott, es sprach zu ihnen Gott: »Fruchtbar seid, werdet zahlreich und erfüllt die Erde und macht sie euch dienstbar und sorget für die Fische im Meer und die Vögel im Himmel – und alles Leben, das kriecht auf Erden.«

(29) Gott sprach: »Da! Ich gebe euch alles Samen tragende Kraut, das auf der ganzen Erde ist, und alle Bäume, in deren Baumfrucht Samen ist, euch sei es zur Speise.

(30) Und für alle Tiere der Erde und für alle Vögel des Himmels und für alles, was auf Erden kriecht, in denen eine lebendige Seele ist gebe ich grünes Kraut zur Nahrung.« Es geschah so.

(31) Gott betrachtete alles, was er gemacht hatte. Und da – es war sehr schön! Es ward Abend, es ward Morgen. Der sechste Tag.

2 (1) Himmel und Erde wurden vollendet und ihr ganzes Heer.

(2) Gott kam zum Ende am siebenten Tag mit seiner Arbeit, die er getan, und er ließ ab am siebenten Tag von all seinem Werk, das er gemacht.

(3) Gott segnete den siebenten Tag und sonderte ihn aus, denn an ihm hatte er abgelassen von seinem ganzen Werk, das Gott geschaffen, um erneut zu handeln.

(4) Dies ist das Werden des Himmels und der Erde, als sie geschaffen wurden am Tage, da ER, Gott, Erde und Himmel machte.

(5) Aber noch war kein Gewächs des Feldes auf Erden, und kein Grün des Ackers war aufgesprosst, denn ER,

Gott, hatte keinen Regen fallen lassen auf die Erde und kein Mensch war da, um den Ackerboden zu bestellen.
(6) Aber da stieg Feuchtigkeit aus der Erde auf und wässerte die ganze Oberfläche des Ackerbodens.
(7) Da formte ER, Gott, den Menschen aus der Erde vom Ackerboden. Er blies in seine Nase Sprachodem des Lebens. Es wurde der Mensch eine lebendige Seele.
(8) ER, Gott, pflanzte einen Garten in Eden, von Urzeit her, er setzte dorthin den Menschen, den er geformt.
(9) ER, Gott, ließ aufwachsen vom Ackerboden alle Bäume, köstlich zum Anschauen und schön zur Speise; inmitten des Gartens aber den Baum des Lebens und den Baum der Erkenntnis von Gut und Böse.
(10) Und ein Strom geht aus von Eden, um den Garten zu bewässern, und von dort verzweigt er sich und wird zu vier Hauptströmen.
(11) Der Name des ersten ist Pischon, er umfließt das ganze Land Chawilah, wo es Gold gibt.
(12) Und das Gold jenes Landes ist gut; dort gibt es auch Bedolach-Harz und den Schoham-Stein.
(13) Der Name des zweiten Stromes ist Gichon, er umfließt das ganze Land Kusch.
(14) Der Name des dritten Stromes ist Tigris, er geht östlich von Assur entlang, und der vierte Strom ist der Euphrat.
(15) ER, Gott, nahm den Menschen und setzte ihn in den Garten Eden, um ihn zu bearbeiten und um ihn zu behüten.
(16) ER, Gott, legte dem Menschen folgenden Befehl auf: »Von allen Bäumen des Gartens darfst du getrost essen,
(17) aber vom Baum der Erkenntnis von Gut und Böse darfst du in keinem Fall essen, denn am Tag, da du davon isst, musst du sterben.«
(18) ER, Gott, sprach: »Nicht gut ist es, dass der Mensch allein ist, ich will ihm eine Hilfe machen, ein Gegenüber für ihn.«

(19) ER, Gott, formte vom Ackerboden alles Getier des Feldes und alle Vögel des Himmels. Er brachte sie dem Menschen, um zu sehen, wie er sie rufen würde. Und wie der Mensch jede lebendige Seele rufen würde, so soll ihr Name sein.
(20) Es benannte der Mensch mit Namen alles Vieh und die Vögel des Himmels und alles Getier des Feldes, aber für den Menschen ward keine Hilfe gefunden, die ihm ein Gegenüber sei.
(21) ER, Gott, ließ einen Tiefschlaf über den Menschen fallen, und er entschlief, er nahm eine von seinen Rippen, verschloss die Stelle mit Fleisch,
(22) und ER, Gott, baute die Rippe, die er vom Menschen genommen hatte, zur Frau, und er brachte sie zu dem Menschen.
(23) Der Mensch sprach: »Dieses Mal ist es Gebein von meinem Gebein und Fleisch von meinem Fleisch, diese werde Frau genannt, denn vom Mann ist diese genommen.«
(24) Darum wird ein Mann seinen Vater und seine Mutter verlassen und seiner Frau fest verbunden sein, und sie werden sein ein Fleisch und ein Gespräch.
(25) Sie waren beide nackt, der Mensch und seine Frau, aber sie beschämten sich nicht.

3 (1) Die Schlange aber war klüger als alle Tiere des Feldes, die ER, Gott, gemacht hatte, sie sprach zu der Frau: »Sollte Gott gesagt haben – von allen Bäumen des Gartens dürft ihr nicht essen?!«
(2) Die Frau sprach zur Schlange: »Doch, von den Früchten der Bäume des Gartens dürfen wir essen!
(3) Aber von den Früchten des Baumes, der in der Mitte des Gartens ist, hat Gott gesagt, dürft ihr nicht essen und sie nicht anrühren, denn sonst müsst ihr sterben.«
(4) Die Schlange aber sprach zur Frau: »Ihr werdet gewiss nicht sterben.

(5) Vielmehr weiß Gott, an dem Tag, an dem ihr von ihnen esst, werden eure Augen aufgetan und ihr werdet sein wie Gott, erkennend Gut und Böse.«

(6) Die Frau erkannte, gut ist der Baum als Speise, eine Lust für die Augen und begehrenswert, weil er weise macht. Sie nahm von seiner Frucht und aß, sie gab auch ihrem Mann, der bei ihr war, und er aß auch.

(7) Die Augen beider wurden aufgetan, und sie erkannten, dass sie nackt waren. Sie flochten Feigenbaumblätter zusammen und machten sich Schurze.

(8) Da hörten sie SEINE, Gottes, Stimme der sich im Garten erging, wie den Tagwind. Der Mensch und seine Frau versteckten sich vor SEINEM, Gottes, Angesicht, mitten unter den Bäumen des Gartens.

(9) ER, Gott, rief dem Menschen zu und sprach zu ihm: »Wo bist du wirklich?«

(10) Er sprach: »Deine Stimme habe ich gehört im Garten, und ich bekam Angst, denn nackt bin ich. Da verbarg ich mich.«

(11) Er sprach: »Wer hat dir erzählt, dass du nackt bist? Hast du von dem Baum, von dem ich dir befohlen habe, nicht zu essen, gegessen?«

(12) Da sprach der Mensch: »Die Frau, die du mir zur Gemeinschaft gegeben hast, sie gab mir von dem Baum – und ich habe gegessen.«

(13) ER, Gott, sprach zur Frau: »Was hast du getan?« Die Frau antwortete: »Die Schlange hat mich verführt.«

(14) ER, Gott, sprach zur Schlange: »Weil du das getan hast, bist du verflucht, weg von allem Vieh und weg von allen Tieren des Feldes. Auf dem Bauch sollst du kriechen und Staub fressen alle Tage deines Lebens.

(15) Feindschaft will ich setzen zwischen dich und die Frau, zwischen deinen Samen und ihren Samen, dieser wird dich auf den Kopf treten und du wirst ihn packen bei der Ferse.«

(16) Zur Frau sprach Er: »Wahrlich, groß will ich machen
deine Traurigkeit; und für deine Schwangerschaft gilt: In
Wehmut sollst du Kinder zur Welt bringen. Nach deinem
Mann soll dein Verlangen sein, und er sorge für dich.«
(17) Zu Adam sprach Er: »Weil du gehört hast auf die
Stimme deiner Frau und gegessen hast von dem Baum,
von dem ich dir befahl: ›Iss nicht von ihm‹, darum sei verflucht die Ackererde um deinetwillen. In Traurigkeit wirst
du von ihr essen alle Tage deines Lebens.
(18) Aber Dornen und Disteln lasse sie dir aufsprießen,
und du sollst das Kraut des Feldes essen.
(19) Mit Schweiß im Gesicht sollst du Brot essen, bis
du zur Ackererde zurückkehrst, denn von ihr bist du
genommen. Denn Staub bist du – und zum Staub kehrst
du zurück.«
(20) Da rief der Mensch mit Namen seine Frau: Chawwah
(Eva), denn sie war die Mutter allen Lebens.
(21) ER, Gott, machte für Adam und seine Frau Kleidung
für die Haut und bekleidete sie damit.
(22) ER, Gott, sprach: »Siehe, die Menschen sind geworden wie unsereiner – um zu erkennen das Gute und das
Böse. Aber jetzt, damit sie nicht ihre Hände ausstrecken
und nehmen auch noch vom Baum des Lebens, essen
und leben für Weltzeit.«
(23) ER, Gott, sandte sie weg aus dem Garten Eden, um
die Ackererde zu bebauen, von der sie genommen sind.
(24) So verbannte er die Menschen. Er ließ wohnen von
Urzeit an – weg vom Garten Eden – die Kerubim und die
Flamme des kreisenden Schwertes, um zu bewachen den
Weg zum Baum des Lebens.

4 (1) Und der Mensch erkannte Chawwah, seine Frau, und sie ward schwanger, gebar Kajin und sprach: »Gewonnen habe ich einen Mann durch IHN, hochgelobt sei Sie.«

(2) Und sie wurde wieder schwanger und gebar seinen Bruder Häväl (Abel). Häväl wurde ein Schafhirt und Kajin ein Ackerbauer.

(3) Es geschah nach einiger Zeit, da brachte Kajin von der Frucht des Ackerbodens eine Gabe für IHN, hochgelobt sei Sie.

(4) So tat auch Häväl und brachte die besten Erstgeburten seiner Herde. Aber ER, hochgelobt sei Sie, schaute auf Häväl und auf seine Gabe.

(5) Aber auf Kajin und seine Gabe schaute er nicht. Das erzürnte Kajin sehr, und es verfinsterte sich sein Angesicht.

(6) Da sprach ER, hochgelobt sei Sie, zu Kajin: »Warum bist du erzürnt und warum verfinstert sich dein Angesicht?

(7) Ist es nicht so, ob du nun Gutes bringst oder Schlechtes – vor dem Eingang lauert die Folge der Schuld und verlangt nach dir, du aber sollst herrschen über den Eingang.«

(8) Kajin redete mit Häväl, seinem Bruder. Es geschah, als sie auf dem Felde waren: Kajin stand auf gegen seinen Bruder Häväl und tötete ihn.

(9) ER, hochgelobt sei Sie, sprach zu Kajin: »Wo ist Häväl, dein Bruder?« Er sprach: »Ich weiß nicht. Bin ich der Hüter meines Bruders?«

(10) Er sprach: »Was hast du getan?! Das Blut (die Stimme des Geblütes) deines Bruders schreit zu mir vom Ackerboden.

(11) Aber jetzt, verflucht bist du durch die Ackererde, die ihren Mund aufgetan hat, um das Blut deines Bruders aufzunehmen – durch deine Hand.

(12) Wenn du die Ackererde bearbeitest, wird sie dir fortan ihre Kraft nicht geben. Flüchtig und heimatlos wirst du auf der Erde sein.«
(13) Kajin sprach zu IHM, hochgelobt sei Sie: »Zu groß ist die Sünde, nicht zu tragen.
(14) Siehe, du vertreibst mich heute vom Acker, und vor deinem Angesicht muss ich mich verbergen, und ich werde flüchtig und heimatlos auf der Erde sein. Und es wird sein: Jeder, der mich findet, wird mich töten.«
(15) Da sprach ER, hochgelobt sei Sie, zu ihm: »Nun gut, wer Kajin tötet – es wird siebenfach gerächt.« ER, hochgelobt sei Sie, machte für Kajin ein Zeichen, damit ihn nicht schlage, wer ihn finde.
(16) Kajin zog weg von Seinem Angesicht und ließ sich nieder im Lande Unbehaust, östlich von Eden.
(17) Kajin aber erkannte seine Frau, die ward schwanger und gebar Chanoch. Und Kajin erbaute eine Stadt und benannte sie nach dem Namen seines Sohnes: Chanoch.
(18) Dem Chanoch wurde Irad geboren. Irad zeugte Metujael, und Metujael zeugte Metuschael, und Metuschael zeugte Lamech.
(19) Lamech nahm zwei Frauen. Der Name der einen war Adah, der Name der anderen Zillah.
(20) Adah brachte Jabal zur Welt. Er wurde der Vater derer, die in Zelten wohnen und Herden hüten.
(21) Der Name seines Bruders war Jubal. Er wurde der Vater aller, die Harfe und Flöte spielen.
(22) Auch Zillah gebar: Tubal-Kajin, ein Kupfer- und Eisenschmied, und Tubal-Kajins Schwester Naamah.
(23) Lamech sprach zu seinen beiden Frauen Adah und Zillah: »Hört meine Stimme, Frauen Lamechs, lauscht meinem Spruch. Ja, einen Mann habe ich getötet für meine Wunde und ein Kind für meine Striemen.
(24) Ja, siebenfach wird Kajin gerächt, Lamech aber siebenundsiebzigmal.«

(25) Nochmals erkannte Adam seine Frau, und sie gebar einen Sohn. Sie rief seinen Namen Scheth: »Denn Gott hat mir anstelle von Häväl, den Kajin getötet hat, einen anderen Samen gesetzt.«
(26) Auch Scheth wurde ein Sohn geboren. Er nannte ihn Enosch. Das war zu der Zeit, als man begann, zu IHM, hochgelobt sei Sie, zu beten.

5

(1) Dies ist das Buch der Menschwerdung: Als Gott den Menschen schuf, machte er ihn zum Abbild Gottes.
(2) Männlich und weiblich schuf er sie, segnete sie und rief sie mit ihrem Namen: Mensch, in dem Augenblick, in dem sie geschaffen wurden.
(3) Es geschah, als Adam einhundertdreißig Jahre alt war, da zeugte er als sein Abbild, seinem Bilde entsprechend, einen Sohn und nannte ihn Scheth.
(4) Die Tage Adams, nachdem er Scheth gezeugt hatte, waren noch achthundert Jahre, und er zeugte Söhne und Töchter.
(5) Alle Tage seines Lebens waren neunhundertdreißig Jahre, dann starb er.
(6) Scheth war hundertfünf Jahre, als er Enosch zeugte.
(7) Scheth lebte, nachdem er Enosch gezeugt hatte, noch achthundertsieben Jahre und zeugte Söhne und Töchter.
(8) Und alle Tage Scheths waren neunhundertundzwölf Jahre. Dann starb er.
(9) Es lebte Enosch im neunzigsten Jahr, als er Kenan zeugte.
(10) Enosch lebte, nachdem er Kenan gezeugt hatte, noch achthundertfünfzehn Jahre und zeugte Söhne und Töchter.
(11) Alle Tage seines Lebens waren neunhundertfünf Jahre. Dann starb er.

(12) Es lebte aber Kenan genau siebzig Jahre, als er Mahalalel (zu lesen: Mahalal-el) zeugte.

(13) Kenan lebte, nachdem er Mahalalel gezeugt hatte, noch achthundertvierzig Jahre und zeugte Söhne und Töchter.

(14) Kenan war neunhundertzehn Jahre, als er starb.

(15) Mahalalel war fünfundsechzig Jahre, als er Järäd zeugte.

(16) Mahalalel lebte, nachdem er Järäd gezeugt, noch achthundertdreißig Jahre und zeugte Söhne und Töchter.

(17) Alle Tage Mahalalels waren achthundertfünfundneunzig Jahre, als er starb.

(18) Järäd war hundertzweiundsechzig Jahre alt, als er Chanoch zeugte.

(19) Und Järäd lebte, nachdem er Chanoch gezeugt hatte, noch achthundert Jahre und zeugte Söhne und Töchter.

(20) Järäd wurde neunhundertzweiundsechzig. Dann starb er.

(21) Chanoch war fünfundsechzig Jahre als er Metuschälach zeugte.

(22) Es erging sich Chanoch mit der Gottheit dreihundert Jahre, nachdem er Metuschälach gezeugt hatte, und zeugte Söhne und Töchter.

(23) Alle Tage Chanochs waren dreihundertfünfundsechzig Jahre.

(24) Chanoch erging sich mit der Gottheit – und war nicht mehr da, denn Gott hatte ihn zu sich genommen.

(25) Metuschälach aber lebte hundertsiebenundachtzig Jahre und zeugte Lämäch.

(26) Metuschälach lebte, nachdem er Lämäch gezeugt hatte, noch siebenhundertzweiundachtzig Jahre und zeugte Söhne und Töchter.

(27) Metuschälach wurde neunhundertneunundsechzig Jahre. Dann starb er.

(28) Lämäch war hundertzweiundachtzig Jahre, da zeugte er einen Sohn.
(29) Er gab ihm den Namen Noach, um zu verkünden:
Dieser wird uns trösten bei unserer Mühsal und dem
Schmerz unserer Hände, die uns von der Ackererde zu-
gefügt werden, die ER, hochgelobt sei Sie, verflucht hat.
(30) Und Lämäch lebte, nachdem er Noach gezeugt, noch
fünfhundertfünfundneunzig Jahre und zeugte Söhne und
Töchter.
(31) Lämächs alle Tage waren siebenhundertsiebenund-
siebzig Jahre. Dann starb er.
(32) Es war Noach fünfhundert Jahre alt. Noach zeugte
Schem, Cham und Japhät.

6 (1) Es geschah aber zu der Zeit, als die Menschheit
anfing, zahlreich zu werden auf dem fruchtbaren
Ackerland, und ihnen Töchter geboren worden
waren,
(2) da sahen die »Gottgleichen« die Menschentöchter,
denn sie waren schön, und sie nahmen sich Frauen, die
sie sich aussuchten.
(3) Da sprach ER, hochgelobt sei Sie: »Mein Geist soll
nicht für Weltzeit im Menschen bleiben, zumal er Fleisch
ist. Seine Tage sollen sein einhundertzwanzig Jahre.«
(4) In jenen Tagen waren die Riesen auf Erden, und auch
nachdem die »Gottgleichen« zu den Menschentöchtern
gekommen waren und diese geboren hatten. Das sind
die Helden, die von alters her »Männer des großen Namens« waren.
(5) ER aber, hochgelobt sei Sie, sah, dass die Bosheit der
Menschheit auf Erden zahllos geworden war und das
ganze Trachten des Menschen Herzens nur böse war –
den ganzen Tag lang.

(6) Da gereute es IHN, hochgelobt sei Sie, dass er die Menschheit auf Erden geschaffen hatte. Aber er war bekümmert in seinem Herzen.
(7) Da sprach ER, hochgelobt sei Sie: »Ich will auslöschen die Menschheit, die ich geschaffen habe, vom ›Angesicht der Ackererde‹. Alle, Mensch, Vieh, Gewürm und die Vögel des Himmels. Denn es gereut mich, dass ich sie gemacht habe.«
(8) Aber Noach fand Gnade in SEINEN Augen.

(9) Dies ist die Geschichte Noachs. Noach war ein gerechter, aufrichtiger Mann in seiner Generation: Mit der Gottheit erging er sich.
(10) Noach zeugte drei Söhne: Schem, Cham und Japhet.
(11) Aber die Welt war korrupt geworden in den Augen der Gottheit, und das Leben auf Erden war voller Gewalttat.
(12) Gott sah die Welt an, und siehe – sie war verdorben. Denn alle Lebewesen hatten ihren Lebenswandel auf Erden ruiniert.
(13) Da sprach Gott zu Noach: »Das Ende allen Lebens habe ich beschlossen, denn die Welt ist voll des Lebens Gewalt. So will ich das Leben auf Erden auslöschen.
(14) Baue eine Arche aus Holz, statte die Arche mit Kammern aus und verpiche sie von innen und außen mit Pech.
(15) Und so sollst du die Arche machen: dreihundert Ellen lang, fünfzig Ellen breit und dreißig Ellen hoch.
(16) Mache der Arche eine Lichtluke und vervollständige sie weiterhin mit einer Schwelle, und die Tür der Arche setze in ihre Seite. Mache ihr ein unteres, ein zweites und ein drittes Geschoss.
(17) Aber ich will die große Flut über die Erde bringen, um auszulöschen alle Lebewesen, in denen Lebensodem ist, unter dem Himmel. Alles auf Erden wird vernichtet.

(18) Mit dir aber will ich meinen Bund aufrichten. Du sollst in die Arche gehen. Du und deine Söhne und deine Frau und die Frauen deiner Söhne mit dir.

(19) Und von allem Lebendigen, von allem Lebewesen, zwei von allem sollst du in die Arche bringen, damit sie mit dir überleben. Männlich und weiblich sollen sie sein.

(20) Von den Vögeln gemäß ihrer Art, vom Vieh nach seiner Art, von allem Gewürm der Ackererde nach seiner Art, zwei von allem sollen zu dir kommen, um zu überleben.

(21) Und du nimm von aller Nahrung, die gegessen wird, und sammle sie ein bei dir. Denn sie soll sein für dich und für sie zum Lebensmittel.«

(22) Und Noach tat genau so, wie Gott es ihm befohlen. Genauso handelte er.

7

(1) ER, hochgelobt sei Sie, sprach zu Noach: »Geh du und dein ganzes Haus hinein in die Arche. Denn ich habe erkannt, dass du unter diesem Geschlecht der einzige Gerechte bist.

(2) Von allem reinen Vieh nimm sieben Paare männlich und weiblich und von dem Vieh, das nicht rein ist, je zwei Paare.

(3) Auch von den Vögeln unter dem Himmel sieben Paare, um das Leben zu erhalten auf der ganzen Erde.

(4) Denn es sind nur noch sieben Tage, dann will ich es vierzig Tage und vierzig Nächte auf Erden regnen lassen. Und ich will auslöschen alles Leben, das ich gemacht habe.«

(5) Noach tat alles so, wie ER, hochgelobt sei Sie, ihm befohlen hatte.

(6) Noach war sechshundert Jahre alt, als die große Flut auf Erden geschah.

(7) Da ging Noach in die Arche vor dem Wasser der großen Flut und mit ihm seine Söhne und seine Frau und die Frauen seiner Söhne.

(8) Von dem reinen Vieh und von dem Vieh, das nicht rein ist, und von den Vögeln und von allem, was kriecht auf der Ackererde.

(9) Je zu zweit kamen sie zu Noach in die Arche, männlich und weiblich, so wie es Gott Noach befohlen hatte.

(10) Es geschah nach sieben Tagen, da kamen die Wasser der großen Flut über die Erde.

(11) Im sechshundertsten Lebensjahr Noachs, am siebzehnten Tag des zweiten Monats, genau an diesem Tag, da öffneten sich die Quellen des gewaltigen Abgrundes, und die Fenster des Himmels taten sich auf,

(12) und es kam ein gewaltiger Regen über die Erde vierzig Tage und vierzig Nächte.

(13) An eben diesem Tag ging Noach in die Arche hinein, und Schem, Cham und Japhet, die Söhne Noachs, und Noachs Frau und die drei Frauen seiner Söhne mit ihm.

(14) Sie und alles Getier nach seiner Art und alles Vieh nach seiner Art und alles, was auf Erden kriecht, nach seiner Art und alle Vögel nach ihrer Art und alles, was da Flügel hat.

(15) Sie kamen zu Noach in die Arche je zu zweit, alle Lebewesen, in denen der Odem des Lebens war.

(16) Und die hineingingen waren männlich und weiblich von allen Lebewesen, wie Gott ihm befohlen hatte. Dann schloss ER, hochgelobt sei Sie, hinter ihm zu.

(17) Es lastete die große Flut vierzig Tage auf der Erde, und die Wasser stiegen und hoben die Arche, und sie war sehr hoch über der Erde.

(18) Das Wasser wuchs gewaltig über die Erde hinweg, und die Arche schwamm auf dem Wasser.

(19) Die Wasser aber stiegen unaufhaltsam, mehr und

mehr über der Erde, und das Wasser bedeckte alle hohen Berge unter dem Himmel.
(20) Fünfzehn Ellen hoch stand das Wasser darüber und bedeckte die Berge.
(21) Es ward vernichtet alles Fleisch, was sich auf Erden regt, die Vögel, das Vieh, das Getier, alles Gewimmel auf Erden und die Menschheit.
(22) Alles, was den Sprachodem des Lebens in seiner Nase hatte, was alles auf dem Festland einst war, starb.
(23) Gott löschte alle Lebewesen aus, die auf der fruchtbaren Erde waren, vom Menschen bis zum Vieh, bis zum Gewürm, auch die Vögel unter dem Himmel. Sie wurden weggewischt von der Erde. Es überlebten nur Noach und die mit ihm in der Arche waren.
(24) Das Wasser stieg gewaltig auf der Erde, hundertfünfzig Tage.

8

(1) Da gedachte Gott an Noach und an alles Getier und an alles Vieh, das mit ihm in der Arche war. Gott ließ einen Sturmbraus über die Erde gehen, so dass die Wasser sich senkten.
(2) Gott verschloss die Quellen des Abgrundes und die Fenster des Himmels und hielt den Regen vom Himmel zurück.
(3) Das Wasser verlief sich auf der Erde fort und fort und versiegte nach Verlauf von hundertfünfzig Tagen.
(4) Und die Arche setzte auf im Gebirge Ararat am siebzehnten Tag des siebenten Monats.
(5) Und das Wasser nahm immer mehr ab bis zum zehnten Monat. Am ersten Tag des zehnten Monats wurden die Spitzen der Berge sichtbar.
(6) Es geschah aber nach vierzig Tagen, da öffnete Noach das Fenster der Arche, das er gemacht hatte.

(7) Da schickte Noach den Raben aus, der flog hin und
her, bis das Wasser abgetrocknet war von der Erde.
(8) Nun schickte Noach eine Taube von sich weg, um zu
sehen, ob das Wasser weniger geworden war auf der
Ackererde.
(9) Die Taube aber fand keinen Ruheplatz für ihre Füße
und kehrte zu ihm in die Arche zurück, denn das Wasser
stand noch auf der Erde. Noach streckte seine Hand aus,
nahm sie und brachte sie zu sich in die Arche.
(10) Danach wartete er noch sieben Tage, dann schickte
er abermals die Taube aus der Arche.
(11) Zur Abendzeit kam die Taube wieder – und siehe:
ein abgerissenes Blatt vom Ölbaum war in ihrem Schna-
bel. Da erkannte Noach, dass das Wasser gefallen war
von der Erde.
(12) Noach wartete nochmals sieben andere Tage, dann
schickte er die Taube aus. Die aber kehrte nicht zu ihm
zurück.
(13) Das geschah am ersten Tag des ersten Monats im
sechshundertsten Jahr, da trocknete das Wasser auf der
Erde weg. Noach entfernte das Verdeck der Arche und
sah. Und siehe da: Trocken war die Ackererde.
(14) Und im zweiten Monat, am siebenundzwanzigsten
Tag war die Erde getrocknet.
(15) Da redete Gott zu Noach und sprach:
(16) »Geh aus der Arche, du und deine Frau und deine
Söhne und die Frauen deiner Söhne mit dir.
(17) Alles Getier, das bei dir ist, von allen Lebewesen, an
Vögeln, an Vieh und von allem Gewürm auf Erden, lass
sie hinausgehen mit dir, damit sie sich vermehren auf der
Erde und fruchtbar seien und zahlreich werden auf
Erden.«
(18) Und Noach trat heraus und seine Söhne und seine
Frau und die Frauen seiner Söhne mit ihm.
(19) Alles Getier, alles Gewürm, alle Vögel, alles, was

sich auf Erden regt, nach ihren Arten, zogen sie heraus aus der Arche.
(20) Noach baute einen Altar für IHN, hochgelobt sei Sie. Er nahm von allem reinen Vieh und von allen reinen Vögeln und opferte Brandopfer auf dem Altar.
(21) ER aber, hochgelobt sei Sie, roch den schönen Duft und sprach zu seinem Herzen: »Nicht noch einmal will ich die Ackererde verachten wegen der Menschheit, denn die Gesinnung der Menschheit ist schlecht von Kindheit an, und nicht nochmals will ich umbringen alles Leben, wie ich es getan habe.
(22) Denn für alle Zeit der Erde soll gelten: ›Saat und Ernte, Frost und Hitze, Sommer und Winter, Tag und Nacht sollen nicht aufhören‹.«

9

(1) Gott segnete Noach und seine Söhne. Zu ihnen sprach er: »Seid fruchtbar und vermehrt euch und erfüllt die Erde.
(2) Furcht und Schrecken vor euch komme über die Tiere der Erde und die Vögel des Himmels. In eure Hand ist alles gegeben, was auf der Ackererde kriecht, auch die Fische des Meeres.
(3) Alles, was sich lebend regt, sei euch Speise sowie grünes Kraut, das ich euch alles gebe.
(4) Jedoch Fleisch mit seiner Seele, seinem Blut, dürft ihr nicht essen.
(5) Aber auch euer Blut, für eure Seelen, will ich einfordern, aus der Hand aller Lebewesen will ich es fordern, gewisslich. Und aus der Hand des Menschen und seines Menschenbruders werde ich fordern die Seele des Menschen.
(6) Wer das Blut des Menschen vergießt, durch den Menschen wird sein Blut vergossen werden, denn im Bilde Gottes ist gemacht der Mensch.

(7) Ihr aber seid fruchtbar und vermehrt euch, seid ein Gewimmel auf Erden.«
(8) Gott aber sprach zu Noach und seinen Söhnen bei ihm Folgendes:
(9) »Aber ich, ich will sogleich meinen Bund mit euch aufrichten und mit euren Nachkommen allen
(10) und mit allen lebendigen Seelen, die bei euch sind, Vögel, Vieh, alles Getier der Erde bei euch, von allen, die aus der Arche hinausgegangen sind, für alles Getier der Erde.
(11) Ich werde meinen Bund mit euch aufrichten, und kein Fleisch wird hinfort ausgelöscht werden von den Wassern der großen Flut, und nie mehr wird eine große Flut sein, die Erde zu vernichten.«
(12) Gott sprach: »Dies ist das Zeichen des Bundes, den ich geben werde zwischen mir und euch und jeder lebenden Seele bei euch – für die Geschlechter der Weltzeit.
(13) Meinen Bogen gebe ich in die Wolke, und er werde zum Zeichen des Bundes zwischen mir und der Erde.
(14) Und es wird sein, wenn ich Wolken zusammenballe über der Erde, und der Bogen wird sichtbar in den Wolken,
(15) dann werde ich gedenken an meinen Bund zwischen mir und euch und jeder lebenden Seele, allem Fleisch, und nicht mehr wird das Wasser zur großen Flut werden, um auszulöschen alles Fleisch.
(16) Und es wird sein der Bogen in den Wolken – und ich werde ihn anschauen, um zu gedenken an den Weltzeitbund zwischen Gott und jeder lebenden Seele, allem Fleisch, das auf der Erde ist.«
(17) Gott sprach zu Noach: »Dies ist das Zeichen des Bundes, den ich aufgerichtet habe zwischen mir und allem Fleisch, das auf der Erde ist.«
(18) Die Söhne Noachs aber, die aus der Arche zogen, waren Schem, Cham und Japhet. Und Cham ist der Vater von Kanaan.

(19) Diese drei sind die Söhne Noachs. Und von diesen stammt die ganze Menschenwelt ab.
(20) Noach begann als Mann der Ackererde, er pflanzte einen Weinberg.
(21) Er trank von dem Wein und ward betrunken, und er entblößte sich in seinem Zelt.
(22) Aber Cham, der Vater Kanaans, sah die Blöße seines Vaters und erzählte es draußen seinen beiden Brüdern.
(23) Schem und Japhet nahmen das Gewand und legten es auf ihre beiden Schultern. Sie gingen aber rückwärts und bedeckten die Blöße ihres Vaters. Und ihre Gesichter waren rückwärts gewandt, die Blöße ihres Vaters sahen sie nicht.
(24) Es erwachte Noach aus seinem Weinrausch und nahm wahr, was ihm sein jüngster Sohn angetan hatte.
(25) Da sprach er: »Verflucht bist du Kanaan, ein Knecht der Knechte sollst du sein deinen Brüdern.«
(26) Weiter sprach er: »Gesegnet sei ER, hochgelobt sei Sie, der Gott Schems, dessen Knecht Kanaan sein soll.
(27) Gott verschaffe weiten Raum für Japhet, und er wird wohnen in den Zelten Schems – und Kanaan sei sein Knecht.«
(28) Und Noach lebte nach der großen Flut dreihundertfünfzig Jahre.
(29) Alle Lebtage Noachs waren neunhundertfünfzig Jahre. Dann starb er.

10

(1) Dies ist die Generationenfolge der Söhne Noachs: Schem, Cham und Japhet. Ihnen wurden Söhne geboren nach der großen Flut.
(2) Die Söhne Japhets: Gomer und Magog, Madaj und Jawan, Tubal und Meschech und Tiras.

(3) Und die Söhne Gomers: Aschkenas, Rifat und Togarmah.
(4) Und die Söhne Jawans: Elischah und Tarschisch, Kittim und Dodanim.
(5) Von diesen trennten sich die Inseln der Völker in ihren Ländern nach ihrer Sprache, gemäß ihren Geschlechtern in ihren Völkern.
(6) Und nun die Söhne Chams: Kusch und Mizrajim, Put und Kanaan.
(7) Und die Söhne Kuschs: Seba und Chawilah und Sabtah, Raamah und Sabtecha. Und die Söhne Raamahs: Scheba und Dedan.
(8) Kusch aber zeugte Nimrod. Er war der erste Held auf Erden.
(9) Er war ein Jagdheld vor IHM, hochgelobt sei Sie; daher sagt man: wie Nimrod, ein Held der Jagd vor IHM, hochgelobt sei Sie.
(10) Und der Beginn seiner Königsherrschaft war in Babel und Erech, Akkad und Kalneh, im Lande Schinear.
(11) Aus jenem Land ging Aschschur hervor, wo er Niniveh erbaute, Rechobot-Ir und Kalach.
(12) Und Resen zwischen Niniveh und Kalach – das ist die größte Stadt.
(13) Mizrajim aber zeugte die Ludim und die Anamim, die Lehabim und die Naphtuchim,
(14) die Patrusim und die Kasluchim, von dort zogen aus die Pelischtim und die Kaphtorim.
(15) Aber Kanaan zeugte Sidon, seinen Erstgeborenen, und Chet
(16) und den Jebusiter, den Amoriter und den Girgasiter
(17) und den Chiwwiter, den Arkiter und den Siniter,
(18) den Arwaditer und den Zemasiter und den Chamatiter. Aber danach breiteten sich die Kanaanäer aus.
(19) Das Gebiet der Kanaanäer dehnte sich aus von

Sidon nach Gerar bis Gaza, von Sodom und Gomorra, und Adma und Zeboim bis nach Lascha.
(20) Dies sind die »Söhne Chams« gemäß ihren Geschlechtern und ihren Sprachen, in ihren Ländern, in ihren Völkern.
(21) Aber auch Schem, dem älteren Bruder Japhets und Vorfahr aller Nachkommen Ebers, wurde geboren:
(22) die Söhne Schems: Elam und Aschschur, Arpachschad, Lud und Aram.
(23) Und die Söhne Arams sind: Uz, Chul, Gätär und Masch.
(24) Und Arpachschad zeugte Schelach, Schelach aber zeugte Eber.
(25) Eber aber wurden zwei Söhne geboren: Der Name des ersten ist Peleg, denn in seinen Tagen wurde die Erde aufgeteilt. Der Name seines Bruders aber war Joktan.
(26) Joktan zeugte Almodad und Schäläf und Chazarmawet und Jerach.
(27) Auch Hadoram, Usal und Diklah,
(28) außerdem Obal, Abimael und Scheba,
(29) dazu Ophir, Chawilah und Jobab. Diese alle sind Söhne Joktans.
(30) Ihr Wohngebiet reicht von Mescha bis Sefar, dem Berg des Ostens.
(31) Dies sind die Nachkommen Schems nach ihren Geschlechtern, gemäß ihren Sprachen in ihren Ländern, nach ihren Völkern.
(32) Dies sind die Geschlechter der Nachkommen Noachs, nach ihren Generationen in ihren Völkern. Und von diesen breiteten sich aus die Völker auf Erden – nach der großen Flut.

11 (1) Es war einmal auf der Erde eine Sprache und eine Geschichte.

(2) Es geschah, als sie von Morgen her zogen, da fanden sie eine Ebene im Lande Schinar, und sie blieben dort wohnen.

(3) Da sprachen sie, einer zum anderen: »Wohlauf, lasst uns Ziegel machen und sie brennen zum Brand!«

(4) Weiter sprachen sie: »Wohlauf, bauen wir uns eine Stadt und einen Turm, dessen Spitze die Wolken berührt. So machen wir uns einen Namen und verbreiten uns nicht über die ganze Erde.«

(5) Da kam ER, hochgelobt sei Sie, herab, um zu beschauen die Stadt und den Turm, welchen die Menschen gebaut hatten.

(6) Da sprach ER, hochgelobt sei Sie: »Sieh da, ein Volk ist es, und eine Sprache ist ihnen gemeinsam. Aber das ist nur der Beginn ihres Tuns, und von nun an wird ihnen nichts unmöglich sein; alles, was sie planen, werden sie ausführen.

(7) Wohlauf, lasst uns hinabkommen und dort vermischen ihre Sprachen, dass nicht einer den anderen verstehe.«

(8) So verbreitete ER, hochgelobt sei Sie, sie von dort aus über die ganze Erde. Da gaben sie auf, die Stadt zu bauen.

(9) Darum wurde die Stadt Babel genannt, denn dort vermischte ER, hochgelobt sei Sie, die Menschen auf der ganzen Erde.

(10) Dies sind die Generationen nach Schem. Schem war hundert Jahre alt, da zeugte er Arpachschad, zwei Jahre nach der großen Flut.

(11) Schem lebte, nachdem er Arpachschad gezeugt hatte, noch fünfhundert Jahre und zeugte Söhne und Töchter.

(12) Arpachschad war fünfunddreißig Jahre alt, da zeugte er Schelach.

(13) Arpachschad lebte, nachdem er Schelach gezeugt hatte, noch vierhundertdrei Jahre und zeugte Söhne und Töchter.
(14) Schelach war dreißig Jahre alt, da zeugte er Eber.
(15) Schelach lebte, nachdem er Eber gezeugt hatte vierhundertdrei Jahre und zeugte Söhne und Töchter.
(16) Eber war vierunddreißig Jahre alt, da zeugte er Peleg.
(17) Eber lebte, nachdem er Peleg gezeugt hatte, noch vierhundertdreißig Jahre und zeugte Söhne und Töchter.
(18) Peleg war dreißig Jahre alt, da zeugte er Rëu.
(19) Peleg lebte, nachdem er Rëu gezeugt hatte, zweihundertneun Jahre und zeugte Söhne und Töchter.
(20) Rëu war zweiunddreißig Jahre alt, da zeugte er Serug.
(21) Rëu lebte, nachdem er Serug gezeugt hatte, noch zweihundertsieben Jahre und zeugte Söhne und Töchter.
(22) Serug war dreißig Jahre alt, da zeugte er Nachor.
(23) Serug lebte, nachdem er Nachor gezeugt hatte, noch zweihundert Jahre und zeugte Söhne und Töchter.
(24) Nachor war neunundzwanzig Jahre alt, da zeugte er Terach.
(25) Nachor lebte, nachdem er Terach gezeugt hatte, noch hundertundneunzehn Jahre und zeugte Söhne und Töchter.
(26) Terach war siebzig Jahre alt, da zeugte er Abram, Nachor und Haran.
(27) Dies sind die Generationen nach Terach: Terach zeugte Abram, Nachor und Haran. Haran zeugte Lot.
(28) Haran aber starb vor den Augen Terachs, seines Vaters, in seinem Geburtsland, in Ur-Kasdim (= in Ur von Chaldäa).
(29) Abram und Nachor aber nahmen sich Frauen. Die Frau Abrams heißt Sarai, die Frau Nachors heißt Milkah, die Tochter Harans, des Vaters von Milkah und des Vaters von Jiska.

(30) Aber Sarai konnte kein Kind bekommen, es war ihr
verwehrt durch IHN, hochgelobt sei Sie.
(31) Und Terach nahm seinen Sohn Abram und Lot, den
Sohn seines Sohnes Haran, und Sarai, seine Schwiegertochter, die Frau seines Sohnes Abram – und sie zogen
gemeinsam aus – aus Ur in Chaldäa, um zu gelangen in
das Land Kanaan. Und sie kamen nach Charan und blieben dort wohnen.
(32) Die Lebtage Terachs waren zweihundertfünf Jahre.
Aber Terach starb in Charan.

12

(1) ER, hochgelobt sei Sie, sprach zu Abram:
Geh doch aus deinem Land, weg von deiner
Herkunft und aus deinem Vaterhaus in das
Land, das ich dir zeigen will.
(2) Und ich will dafür sorgen, dass du zu einem großen
Volk wirst, und ich will dich segnen und deinen Namen
berühmt machen, und du – sei ein Segen!
(3) Und ich werde gewiss segnen, die dich segnen,
aber wer dich verachtet, den verfluche ich. Und alle
Geschlechter des Erdbodens werden in dir gesegnet
sein.
(4) Abram ging, wie ER, hochgelobt sei Sie, es von ihm
verlangt hatte, und mit ihm ging Lot. Aber Abram war
fünfundsiebzig Jahre alt, als er aus Charan auszog.
(5) Abram nahm mit sich Sarai, seine Frau, und Lot, den
Sohn seines Bruders, und all ihren Besitz, den sie erworben hatten, und die Tiere, die ihnen gehörten in Charan.
So zogen sie aus, um nach Kanaan zu gelangen. Und sie
kamen in das Land Kanaan.
(6) Abram durchzog das Land bis zum Ort Schechem, bis
Elon-Moreh. Aber die Kanaanäer waren damals schon im
Land.

(7) ER aber, hochgelobt sei Sie, erschien Abram und sprach: »Deinem Samen will ich dieses Land geben.« Da baute Abram dort einen Altar für IHN, hochgelobt sei Sie, der ihm erschienen war.
(8) Von dort zog Abram weiter ostwärts ins Gebirge nach Bethel und spannte dort sein Zelt auf. Meerwärts Bethel und Ai im Osten: Dort baute er einen Altar für IHN, hochgelobt sei Sie, er rief SEINEN (IHREN) Namen an.
(9) Abram brach wieder auf, weiterziehend gen Süden, in den Negev.
(10) Es kam eine Hungersnot über das Land. Da zog Abram hinab nach Ägypten, um dort als Gast zu leben, denn die Hungersnot lastete schwer auf dem Land.
(11) Es geschah, als sie nah an Ägypten herangekommen waren, da sprach er zu Sarai, seiner Frau: »Siehe doch, da – ich weiß, dass du eine wunderschöne Frau bist.
(12) Und es wird geschehen, denn auch die Ägypter werden dich so sehen und werden sagen, seine Frau ist diese. Dann werden sie mich töten, dich aber am Leben lassen.
(13) Sage doch, dass du meine Schwester bist, dann wird es mir gut gehen um deinetwillen, und meine Seele wird leben deinetwegen.«
(14) Es geschah, als Abram nach Ägypten kam, da sahen die Ägypter »die Frau«, denn sie war sehr schön.
(15) Auch die Obersten Pharaos sahen sie und rühmten sie vor ihm – da wurde die Frau in das Haus Pharaos gebracht.
(16) Aber Abram tat er Gutes um ihretwillen: Er bekam Schafe und Rinder und Esel, Knechte und Mägde, Eselinnen und Kamele.
(17) ER aber, hochgelobt sei Sie, schlug Pharao mit großen Plagen und auch sein Haus wegen Sarai, der Frau Abrams.
(18) Der Pharao rief Abram zu sich und sprach: »Was hast

du mir angetan?! Warum hast du mir nicht erzählt, dass sie deine Frau ist?!
(19) Warum hast du gesagt: Meine Schwester ist sie? So nahm ich sie mir zur Frau. Aber nun: da Nimm deine Frau und geh!«
(20) Und Pharao befahl ihm Männer zur Seite, die geleiteten ihn und seine Frau und alles, was zu ihm gehörte.

13

(1) Abram zog hinauf aus Ägypten, er und seine Frau und alles, was zu ihm gehörte, und Lot mit ihm in den Negev.
(2) Abram aber war sehr reich an Vieh, an Silber und an Gold.
(3) Und das war seine Wegstrecke: vom Negev bis nach Bethel, bis zu dem Ort, wo sein Zelt zu Beginn war, zwischen Bethel und Ai,
(4) bis zu dem Ort des Altars, den er dort gemacht hatte, als er das erste Mal dort war. Und Abram rief dort SEINEN (IHREN) Namen an.
(5) Aber auch Lot, der mit Abram zusammen zog, besaß Schafe und Rinder und Zelte.
(6) Aber das Land ertrug ihr gemeinsames Wohnen nicht, denn ihr Besitz war zu groß. Sie vermochten nicht, zusammen zu siedeln.
(7) So kam es zum Streit zwischen den Hirten der Herden Abrams und den Hirten der Herden Lots. Das war zu der Zeit, als die Kanaanäer und Perisiter im Land wohnten.
(8) Da sprach Abram zu Lot: »Es soll kein Streit sein zwischen mir und dir und zwischen meinen und deinen Hirten, denn Männer, Brüder sind wir.
(9) Ist nicht das ganze Land vor dir? Trenne dich doch von mir! Wählst du links, geh ich rechts, wählst du rechts, geh ich links.«

(10) Da hob Lot seine Augen auf. Er sah das ganze
Gebiet des Jordan, das in seiner Gesamtheit wasserreich
war – das war bevor ER, hochgelobt sei Sie, Sodom und
Gomorra zerstört hatte – wie SEIN (IHR) Garten, wie das
Land Ägypten – bis man kommt nach Zoar.
(11) Und Lot erwählte sich das ganze Gebiet am Jordan
und brach auf von Osten, und sie trennten sich voneinander.
(12) Abram wohnte im Lande Kanaan. Lot aber in den
Städten des Umlandes, er zeltete bei Sodom.
(13) Die Männer aber von Sodom waren böse und fre-
velhaft IHM gegenüber.
(14) ER aber, hochgelobt sei Sie, sprach zu Abram, nachdem sich Lot von ihm getrennt hatte: »Hebe doch deine
Augen auf und sieh, von dem Ort, wo du bist, nach Norden und Süden, nach Osten und Westen.
(15) Denn das ganze Land, das du siehst, dir will ich es
gewiss geben und deinen Nachkommen bis an der Welt
Ende.
(16) Ich werde deine Nachkommen so zahlreich machen
wie den Staub der Erde. Wenn jemand den Staub der Erde zu zählen vermag, dann kann er auch deine Nachkommen zählen.
(17) Steh auf, durchzieh das Land in seiner Länge und
Breite, denn dir gebe ich es gewiss.«
(18) Abram schlug sein Zelt auf. Er kam und siedelte in
Elone Mamre, bei Hebron. Er baute dort einen Altar für
IHN (SIE).

14

(1) Es geschah aber zu der Zeit, da Amraphel
König von Schinar, Arjoch König von Ellasar,
Kedorlaomer König von Elam und Tidal König
der Völker war.

(2) Diese führten Krieg mit Bera, dem König von Sodom, und mit Birscha, dem König von Gomorra, mit Schinab, dem König von Adma, und mit Schemever, dem König von Zebojim, und mit dem König von Bela, das ist Zoar.
(3) Diese alle verbündeten sich aber im Tal Siddim, das ist das Tote Meer.
(4) Zwölf Jahre waren sie untertan Kedorlaomer, aber im dreizehnten Jahr befreiten sie sich.
(5) Aber im vierzehnten Jahr kamen Kedorlaomer und die Könige, die mit ihm verbündet waren. Sie schlugen die Rephaim bei Aschterot Karnajim und die Susim in Ham und die Emim bei Schaweh-Kirjatajim,
(6) aber die Choriter in ihrem Gebirge Seïr bis nach Äl-Paran, wo die Wüste beginnt.
(7) Und sie kehrten zurück und kamen nach En-Mischpat, das ist Kadesch, und schlugen das Gebiet der Amalekiter und auch der Emoriter, die siedeln in Chazazon-Tamar.
(8) Aber es zog aus der König von Sodom und der König von Gomorra und der König von Adma und der König von Zebojim und der König von Bela, das ist Zoar – und sie stellten sich auf zum Kampf mit jenen im Tale Siddim,
(9) also gegen Kedorlaomer, den König von Elam, und Tidal, den König der Völker, und gegen Amraphel, den König von Schinar, und Arjoch, den König von Ellasar, vier Könige gegen die fünf.
(10) Aber das Tal Siddim war voller Gruben, Gruben von Pech, und als die Könige von Sodom und Gomorra flohen, fielen sie da hinein, die übrigen aber flohen in die Berge.
(11) Aber die Sieger nahmen allen Besitz von Sodom und Gomorra und alle ihre Lebensmittel und zogen davon.
(12) Sie nahmen auch Lot, den Neffen Abrams, und seinen Besitz und gingen davon, denn Lot siedelte bei Sodom.
(13) Aber es kam ein Überlebender und erzählte es

Abram, dem Hebräer, der aber wohnte in Elone-Mamre des Emoriters, eines Bruders von Eschkol und Aner, diese aber waren mit Abram verbündet.
(14) Als Abram hörte, dass sein Anverwandter gefangen war, bewaffnete er sich mit den kampferprobten Männern seines Hauses, dreihundertachtzehn Mann, und verfolgte sie bis nach Dan.
(15) Er teilte seine Leute auf gegen sie des Nachts, er und seine Knechte. Und sie schlugen sie und verfolgten sie bis nach Chovah, das links von Damaskus liegt.
(16) Abram brachte zurück allen Besitz, auch Lot und seine Habe brachte er zurück, auch die Frauen und die anderen Leute.
(17) Der König von Sodom aber zog ihm entgegen nach seiner Rückkehr aus der Schlacht mit Kedorlaomer und den Königen, die mit ihm waren, in das Tal Schaweh, das ist das Tal des Königs.
(18) Und Malkizedek, der König von Schalem, brachte heraus Brot und Wein, er war Priester des höchsten Gottes (El-Eljon).
(19) Und er segnete ihn und sprach: »Gesegnet bist du Abram vom höchsten Gott, dem Schöpfer des Himmels und der Erde.
(20) Und gesegnet sei der höchste Gott, der ausgeliefert hat deine Feinde in deine Hand.« Und er gab ihm den Zehnten von allem.
(21) Der König von Sodom aber sprach zu Abram: »Gib mir die Lebenden, du aber nimm dir den Besitz.«
(22) Abram aber sprach zum König von Sodom: »Aufgehoben habe ich zum Lob meine Hand zu IHM, hochgelobt sei Sie, dem höchsten Gott, dem Schöpfer von Himmel und Erde.
(23) Weder einen Faden noch einen Schuhriemen nehme ich von allem, was dir gehört, damit du nicht sagen kannst: ›Ich habe Abram reich gemacht.‹

(24) Für mich nichts! Nur das, was die Knechte gegessen haben, und der Anteil der Männer, die mit mir gekommen sind, das sind Aner, Eschkol und Mamre, sie sollen ihren Anteil bekommen.«

15

(1) Nach diesen Geschichten ereignete sich SEIN (IHR) Wort an Abram in einer Vision also: »Fürchte dich nicht! Abram – ich bin dir Schutz, deine Belohnung wird sehr groß sein.«

(2) Da sprach Abram: »Mein Herr bist DU. Was willst du mir geben? Ich gehe zerbrochen dahin, und der Mundschenk meines Hauses ist er, Elieser aus Damaskus.«

(3) Weiter sprach Abram: »Da, mir hast du keinen Nachkommen gegeben – und der ›Sohn meines Hauses‹ wird mich beerben.«

(4) Da erging SEIN Wort an ihn also: »Dieser wird dich nicht beerben, sondern der, der hervorgehen wird aus deinem Leib, der wird dich beerben.«

(5) Da führte er ihn nach draußen und sprach: »Schau doch zum Himmel hinauf und zähle die Sterne, wenn du sie zu zählen vermagst.« Und er sprach zu ihm: »So werden deine Nachkommen sein.«

(6) Da ließ er sich auf IHN (SIE) ein und ER achtete es für ihn zum Heil.

(7) Und er sprach zu ihm: »Ich bin der ICH BIN DA, der dich herausgeführt hat aus Ur in Chaldäa (Kasdim), um dir dieses Land zu geben, damit du es besitzt.«

(8) Er sprach: »Mein Herr bist DU, aber woran erkenne ich, dass ich es sicher in Besitz nehmen werde?«

(9) Da antwortete er ihm: »Hole mir doch ein dreijähriges Kalb, eine dreijährige Ziege und einen dreijährigen Widder und eine Turteltaube und einen jungen Vogel.«

(10) Er holte ihm all diese und zerlegte sie in der Mitte

und legte ein jedes Stück einem anderen gegenüber, aber
die Vögel zerteilte er nicht.
(11) Da kamen die Raubvögel auf die Kadaver herab,
aber Abram verjagte sie.
(12) Es geschah, als die Sonne unterging, da fiel ein tie-
fer Schlaf auf Abram. Und sieh da: Entsetzen. Eine große
Finsternis kam über ihn.
(13) Da sprach er zu Abram: »Du sollst wissen, dass deine Nachkommen Fremde sein werden in einem Land, das
nicht das ihre ist, und sie werden sie knechten und
unterdrücken vierhundert Jahre.
(14) Aber ich werde auch das Volk, dem sie dienen müssen richten, und danach werden sie ausziehen mit großem Besitz.
(15) Aber du wirst heimgehen zu deinen Vätern in Frieden, und du wirst begraben werden in einem glücklichen
Alter.
(16) Aber die vierte Generation wird hierher zurückkeh-
ren, aber die Schuld der Emoriter ist noch nicht abgegol-
ten bis dahin.«
(17) Und als die Sonne untergegangen war, da wurde es
ganz dunkel. Und da – ein rauchender Backofen und eine Fackel von Feuer, die ging zwischen diesen Stücken
her.
(18) An jenem Tag schloss ER, hochgelobt sei Sie, mit Abram einen Bund, indem er sprach: »Deinen Nachkommen
gebe ich dieses Land – vom Bach Ägyptens bis zum großen Strom, dem Euphrat –
(19) und die Keniter und die Kenisiter und die Kadmoni-
ter
(20) und die Hethiter und die Perisiter und die Rephaim
(21) und die Amoriter und die Kanaaniter und die Girgasiter und die Jebusiter.«

16 (1) Aber Sarai, die Frau Abrams, gebar ihm kein Kind, aber sie hatte eine ägyptische Magd mit Namen Hagar.

(2) Da sprach Sarai zu Abram: »Siehe doch, ER, hochgelobt sei Sie, hat mich daran gehindert ein Kind zur Welt zu bringen. Geh doch zu meiner Magd, vielleicht werde ich durch sie auferbaut.« Und Abram hörte auf die Stimme Sarais.

(3) Da nahm Sarai, die Frau Abrams, Hagar, die Ägypterin, ihre Magd – am Ende von zehn Jahren, die Abram im Land Kanaan wohnte – und gab sie Abram, ihrem Mann, ihm zur Frau.

(4) Und er ging zu Hagar. Und sie wurde schwanger. Als sie sah, dass sie schwanger war, achtete sie ihre Herrin gering in ihren Augen.

(5) Da sprach Sarai zu Abram: »Mein Unglück komme über dich! Ich habe dir meine Magd in deinen Schoß gegeben und seit sie weiß, dass sie schwanger ist, bin ich gering in ihren Augen. ER, hochgelobt sei Sie, soll zwischen mir und dir richten.«

(6) Und Abram sprach zu Sarai: »Da, deine Magd ist in deiner Hand. Tu ihr an, was dir gut dünkt.« Und Sarai quälte sie, da floh sie vor ihr.

(7) Aber es fand sie der Engel des Ewigen an der Wasserquelle in der Wüste, an der Quelle auf dem Weg nach Schur.

(8) Er sprach: »Hagar, Magd Sarais, woher kommst du? Und wohin willst du gehen?« Sie sprach: »Vor Sarai, meiner Herrin, bin ich auf der Flucht.«

(9) Da sprach der Engel der Ewigen zu ihr: »Kehr zurück zu deiner Herrin und ducke dich unter ihre Hände.«

(10) Erneut sprach SEIN (IHR) Engel zu ihr: »Sehr groß und zahlreich will ich deine Nachkommen machen, dass man sie nicht zählen kann.«

(11) Abermals sprach zu ihr der Engel des Ewigen: »Du bist schwanger und wirst bald einen Sohn gebären, den

sollst du Jischmael nennen. Denn ER, hochgelobt sei Sie, hat auf dein Unglück gehört.
(12) Aber er wird ein Wildesel-Mensch sein: Seine Hand gegen alle und alle gegen ihn, und entgegen dem Angesicht seiner Brüder wird er wohnen.«
(13) Da benannte sie IHN (SIE), der mit ihr geredet hatte »Du bist der Gott, der mich sieht«. Dann sprach sie: »Habe hier auch ich hinter dem mich Sehenden hinterhergeschaut?«
(14) Darum nannte man den Brunnen »Born des Schönen, der mich sieht«. Der liegt zwischen Kadesch und Bared.
(15) Hagar gebar Abram einen Sohn. Abram aber nannte seinen Sohn, den Hagar geboren hatte, Jischmael.
(16) Und Abram war sechsundachtzig Jahre alt, als Hagar Jischmael für Abram zur Welt brachte.

17

(1) Es geschah, als Abram neunundneunzig Jahre alt war... ER, hochgelobt sei Sie, erschien Abram, und er sprach zu ihm: »Ich bin Gott, die Allernährerin (El Schaddaj). Ergeh dich vor mir und sei aufrecht.
(2) Ich will meinen Bund aufrichten (geben) zwischen mir und dir und will dich mehren über die Maßen.«
(3) Da fiel Abram auf sein Angesicht, und Gott redete mit ihm also:
(4) »Ich bin da, mein Bund mit dir. Und du wirst zum Vater vieler Völker.
(5) Dein Name soll nicht mehr Abram sein, vielmehr soll dein Name Abraham sein, denn zum Vater einer Menge von Völkern habe ich dich gesetzt.
(6) Fruchtbar mache ich dich über die Maßen und gebe dich für Völker, und Könige werden von dir ausgehen.
(7) Ich will aufrichten meinen Bund zwischen mir und

dir, zwischen deinen Nachkommen nach dir für ihre Generationen zu einem immerwährenden Bund. Für dich
und deine Nachkommen nach dir will ich Gott sein.
(8) Und dir und deinen Nachkommen will ich das Land
deiner Wanderschaft, das ganze Land Kanaan zum immerwährenden Besitz geben. Und ich will ihr Gott sein.«
(9) Weiter sprach Gott zu Abraham: »Aber du sollst meinen Bund bewahren, du und deine Nachkommen für
ihre Geschlechter.
(10) Dies ist mein Bund, den ihr bewahren sollt zwischen
mir und euch und deinen Nachkommen: Jedes männliche Baby soll beschnitten werden.
(11) Und ihr sollt beschnitten sein am Fleisch eurer Vorhaut. Das soll das Zeichen des Bundes sein zwischen mir
und euch.
(12) Im Alter von acht Tagen soll bei euch und euren
kommenden Generationen jedes männliche Baby beschnitten werden. Das gilt auch für den Sohn eines Hausknechtes und einen für Geld erworbenen Sohn von
jedem Fremden, der nicht von deinen Nachkommen ist.
(13) Unbedingt beschnitten muss er werden, der Sohn
deines Hausknechtes und der, den du mit deinem Geld
erworben hast. Und mein Bund soll an eurem Fleisch ein
Bund für die Weltzeit sein.
(14) Aber ein unbeschnittener Mann, der sich nicht beschneiden lässt am Fleisch seiner Vorhaut: Jene Seele
werde verschwinden aus ihrem Volk. Denn meinen Bund
hat er aufgehoben.«
(15) Und Gott sprach zu Abraham: »Sarai, deine Frau, soll
nicht mehr Sarai gerufen werden, sondern ihr Name soll
Sarah sein.
(16) Und ich werde sie segnen. Auch gebe ich dir von ihr
einen Sohn. Segnen will ich sie, und sie soll werden Mutter von Völkern, und Könige von Völkern werden von ihr
ausgehen.«

(17) Da fiel Abraham auf sein Angesicht und lachte. Er sprach zu seinem Herzen: »Ein Sohn soll einem Hundertjährigen geboren werden, und Sarah, die Neunzigjährige soll gebären?«
(18) Da sprach Abraham zu Gott: »Möge Jischmael leben vor deinem Angesicht!«
(19) Aber Gott sprach: »Gewiss doch! Sarah, deine Frau, wird dir einen Sohn gebären, und du sollst ihn nennen Jizchak. Und ich will meinen Bund auch mit ihm aufrichten zu einem Bund in Weltzeit für seine Nachkommen nach ihm.
(20) Aber auch für Jischmael habe ich auf dich gehört. Siehe, ich will ihn segnen und fruchtbar machen und seine Nachkommen überaus zahlreich; zwölf Fürsten wird er zeugen und ich mache ihn zu einem großen Volk.
(21) Aber meinen Bund will ich aufrichten mit Jizchak, der dir geboren wird von Sarah zur rechten Zeit im nächsten Jahr.«
(22) Als er vollendet hatte, mit ihm zu reden, erhob sich Gott von Abraham.
(23) Abraham aber nahm seinen Sohn Jischmael und alle Söhne seiner Hausknechte und auch die um sein Geld erworbenen Söhne, alle Männer im Hause Abraham, und beschnitt das Fleisch ihrer Vorhaut an eben diesem Tag, da Gott mit ihm geredet hatte.
(24) Und Abraham war neunundneunzig Jahre als er am Fleisch seiner Vorhaut beschnitten wurde.
(25) Aber Jischmael, sein Sohn, war dreizehn Jahre alt, als er am Fleisch seiner Vorhaut beschnitten wurde.
(26) Abraham und sein Sohn Jischmael wurden am gleichen Tag beschnitten.
(27) Und alle Männer seines Hauses, die Söhne der Hausknechte und die für Geld erworbenen fremden Söhne wurden mit ihm beschnitten.

18 (1) Es erschien ihm ER, hochgelobt sei Sie, bei den Eichen von Mamre. Und er saß am Eingang des Zeltes, als der Tag am heißesten war, zur Mittagszeit.

(2) Er hob seine Augen auf und schaute: Da, drei Männer standen vor ihm. Er sah sie und lief ihnen entgegen vom Eingang des Zeltes weg und verbeugte sich tief zur Erde hinab.

(3) Er sprach: »Mein Herr, möge ich doch Wohlwollen finden in deinen Augen. Geh doch nicht vorbei an deinem Knecht.

(4) Man bringe ein wenig Wasser, dann wascht eure Füße und ruht aus unter dem Baum.

(5) Ich will euch holen ein bisschen Brot, dann stärkt euer Herz. Danach könnt ihr weitergehen, denn deshalb seid ihr doch bei eurem Knecht vorbeigekommen.« Sie sprachen: »Ja. Tu so, wie du gesagt hast.«

(6) Abraham eilte in das Zelt zu Sarah und sprach: »Schnell, nimm drei Seah Feinmehl, knete und backe Fladenbrote.«

(7) Zu den Rindern lief dann Abraham, nahm ein Kälbchen zart und fein und gab es dem Knecht und beeilte sich, es zuzubereiten.

(8) Er nahm Butter, Milch und das Kälbchen, das er bereitet hatte und setzte es ihnen vor. Er aber stand vor ihnen unter dem Baum. Sie aber aßen.

(9) Sie sprachen zu ihm: »Wo ist Sarah, deine Frau?« Er antwortete: »Da, im Zelt.«

(10) Aber er sprach: »Ich komme gewiss zurück zu dir, übers Jahr, zur Leben spendenden Zeit. Und dann, ja, wird deine Frau Sarah einen Sohn haben.« Aber Sarah hörte das am Eingang des Zeltes, der war hinter ihm.

(11) Aber Abraham und Sarah waren alt geworden und in die Tage gekommen und Sarah hatte »ihre Tage« nicht mehr, wie sie die Frauen haben.

(12) Da lachte Sarah in ihrem Innern also: »Nun, da ich verbraucht bin sollte mir noch Lust werden?! Auch mein Mann ist alt.«

(13) ER aber, hochgelobt sei Sie, sprach zu Abraham: »Wieso lacht Sarah und denkt: ›Sollte ich wirklich noch gebären, obwohl ich alt bin!‹?

(14) Sollte IHM, hochgelobt sei Sie, eine Geschichte zu wunderbar sein?! Zur festgesetzten Zeit kehre ich zurück zu dir, übers Jahr, zur Leben spendenden Zeit wird Sarah einen Sohn haben.«

(15) Da leugnete Sarah und sprach: »Ich habe nicht gelacht«, denn sie fürchtete sich. Er aber sprach: »Nicht doch, du hast gelacht.« Danach erhoben sich die Männer von dort weg. Sie aber schauten aus nach Sodom. Und Abraham ging mit ihnen, um sie zu geleiten.

(17) Da dachte ER, hochgelobt sei Sie: »Sollte ich vor Abraham verbergen, was ich tun will?

(18) Denn gewiss wird Abraham zu einem großen und starken Volk werden, und durch ihn werden gesegnet werden alle Völker der Erde.

(19) Denn ich kenne ihn, dass er befehlen wird seinen Söhnen und seinem Haus nach ihm, dass sie bewahren sollen SEINEN (IHREN) Weg, um zu tun Gerechtigkeit und Recht. So dass ER, hochgelobt sei Sie, über Abraham bringen kann, was er über ihn ausgesagt hat.«

(20) Da sprach ER, hochgelobt sei Sie: »Das Geschrei über Sodom und Gomorra, das ist gewaltig, und ihre Sünde wiegt schon sehr schwer.

(21) Ich bin doch herabgekommen, und ich will es sehen, ob sie gemäß dem Geschrei über sie, das zu mir gekommen ist, handeln – das wäre ihr Ende – oder aber nicht. Ich will es wissen.«

(22) Und die Männer wandten sich von dort weg und gingen nach Sodom. Aber ER, hochgelobt sei Sie, blieb noch vor Abraham stehen.

(23) Da trat Abraham heran und sprach: »Willst du wirklich den Gerechten vernichten mit dem Frevler?!

(24) Vielleicht gibt es fünfzig Gerechte inmitten der Stadt; willst du wirklich vernichten und nicht vergeben dem Ort um der fünfzig Gerechten willen, die in ihm sind?!

(25) Das sei ferne von dir, dass du so eine Geschichte tust – zu töten den Gerechten mit dem Frevler, dass sei der Gerechte wie der Frevler. Das sei ferne von dir! Sollte der Richter der ganzen Erde nicht das Rechte tun?«

(26) Da sprach ER, hochgelobt sei Sie: »Wenn ich in Sodom fünfzig Gerechte finden werde inmitten der Stadt, dann werde ich vergeben dem ganzen Ort um ihretwillen.«

(27) Abraham antwortete und sprach: »Siehe doch, ich habe es gewagt, zu meinem Herren zu reden, obwohl ich Erde und Staub bin.

(28) Vielleicht fehlen an den fünfzig Gerechten fünf, willst du um der fünf willen die ganze Stadt zerstören?« Er sprach darauf: »Ich werde sie nicht zerstören, wenn ich dort fünfundvierzig finde.«

(29) Da fuhr er fort, weiterhin zu ihm zu reden also: »Vielleicht finden sich dort vierzig.« Da sprach er: »Nichts werde ich tun wegen der vierzig.«

(30) Aber er sprach: »Nicht doch lasse sich mein Herr verärgern, aber ich will reden: ›Vielleicht werden dort dreißig gefunden.‹« Da antwortete er: »Ich werde nichts tun, wenn sich dort dreißig finden.«

(31) Daraufhin sprach er: »Sieh doch, ich habe es gewagt mit meinem Herren zu reden: ›Vielleicht werden dort zwanzig gefunden.‹« Da sprach er: »Ich will nichts zerstören wegen der zwanzig.«

(32) Er sprach: »Nicht doch lasse sich mein Herr verärgern, aber ich will reden, noch dieses Mal: ›Vielleicht werden dort zehn gefunden.‹« Er aber sprach: »Ich will nichts zerstören um der zehn willen.«

(33) Da ging ER, hochgelobt sei Sie, davon als er zu Ende geredet hatte zu Abraham. Abraham aber kehrte zu seinem Ort zurück.

19

(1) Die zwei Engel kamen zum Abend nach Sodom und Lot saß am Stadttor. Und als Lot sie sah, stand er auf, lief ihnen entgegen und verneigte sich tief zur Erde

(2) und sprach: »Wohlan, meine Herren, kehrt doch ein in das Haus eures Knechtes und übernachtet, wascht eure Füße, dann könnt ihr am Morgen aufbrechen und eures Weges gehen.« Sie aber sprachen: »Nein, wir übernachten auf dem Marktplatz.«

(3) Da bedrängte er sie sehr, und sie kehrten bei ihm ein und kamen in sein Haus. Da bereitete er ihnen ein Mahl und buk Mazzen. Und sie aßen.

(4) Doch bevor sie sich niederlegten, umzingelten die Einwohner der Stadt, d. h. die Männer von Sodom, jung und alt, das ganze Volk aus allen Ecken, das Haus.

(5) Sie riefen nach Lot und sprachen zu ihm: »Wo sind die Männer, die zu dir gekommen sind zur Nacht? Gib sie uns heraus, dass wir sie missbrauchen.«

(6) Lot ging zu ihnen heraus an den Eingang, die Tür aber schloss er hinter sich zu.

(7) Er sprach: »Nicht doch, meine Brüder, tut nichts Böses.

(8) Da doch, ich habe zwei Töchter, die noch keinen Mann kennen, sie gebe ich euch heraus und ihr könnt tun mit ihnen, was euch gut dünkt. Nur – diesen Männern tut nichts an, denn deshalb sind sie gekommen in den Schatten meines Daches.«

(9) Da sprachen sie: »Scher dich weg! Der da ist gekommen als Fremder und will immerzu richten! Und nun: Wir

tun dir übler als ihnen!« Sie drangen auf den Mann – auf Lot – gewaltig ein, und sie kamen heran, um die Tür zu zerbrechen.
(10) Da streckten die Männer ihre Hand aus und zogen Lot zu sich herein in das Haus und verschlossen die Tür.
(11) Aber die Männer, die am Eingang des Hauses waren, schlugen sie mit Orientierungslosigkeit, von klein bis groß, so waren sie nicht imstande, den Eingang zu finden.
(12) Da sprachen die Männer zu Lot: »Wer ist noch außer dir hier? Ein Schwiegersohn? Deine Söhne, deine Töchter? Und jeder, der zu dir gehört in der Stadt – führe sie weg von diesem Ort.
(13) Denn wir werden diesen Ort zerstören, denn groß sind die Klagen über sie vor SEINEM (IHREM) Angesicht und ER, hochgelobt sei Sie, hat uns geschickt, um ihn zu vernichten.«
(14) Lot ging heraus und redete zu seinen Schwiegersöhnen, die seine Töchter genommen hatten und sprach so: »Steht auf, zieht weg aus diesem Ort, denn ER, hochgelobt sei Sie, wird die Stadt zerstören.« Aber in den Augen seiner Schwiegersöhne war das ein dummer Scherz.
(15) Und als die Finsternis sich aufhob, trieben die Engel Lot zur Eile also: »Auf, steh auf und nimm deine Frau und deine beiden Töchter, die gefunden wurden, damit du nicht umkommst bei der Bestrafung der Stadt.«
(16) Da er aber zögerte, ergriffen die Männer seine Hand und die Hand seiner Frau und die Hände seiner beiden Töchter, weil SEIN (IHR) Mitleid über ihm war, und sie führten ihn heraus und ließen ihn außerhalb der Stadt zurück.
(17) Es geschah, als sie sie herausgeführt hatten, da sprach er: »Rette deine Seele, du sollst nicht hinter dich blicken und nicht stehen bleiben im ganzen Umkreis. Flieh in das Gebirge, damit du nicht vernichtet wirst.«

(18) Lot aber sprach zu ihnen: »Nicht doch, meine Herren.
(19) Wohlan, hat dein Knecht Gnade gefunden in deinen Augen und groß erwiesen hast du deine Liebe, die du mir angetan hast, damit meine Seele überlebt – aber ich vermag nicht zu entfliehen in das Gebirge, dass nicht das Verderben mich verfolge und ich sterbe.
(20) Wohlan, diese Stadt – nah ist sie, um dorthin zu fliehen, und sie ist klein. Dorthin will ich mich retten – sie ist doch klein genug? Und meine Seele wird leben.«
(21) Da sprach er zu ihm: »Siehe, ich erhebe dein Angesicht auch in dieser Geschichte: Ich werde die Stadt, von der du geredet hast, nicht zerstören.
(22) Spute dich, rette dich dorthin, denn nicht vermag ich etwas zu tun, bevor du dorthin kommst.« Darum nannte man den Namen der Stadt Zoar (das heißt klein).
(23) Die Sonne ging auf über der Erde. Und Lot kam nach Zoar.
(24) Aber ER, hochgelobt sei Sie, ließ regnen auf Sodom und Gomorra Schwefel und Feuer. Vor IHM, hochgelobt sei Sie, aus dem Himmel!
(25) Und er zerstörte diese Städte und den ganzen Umkreis und alle Einwohner der Städte – und das Gewächs des Ackerbodens.
(26) Aber seine Frau schaute hinter ihm her – und wurde zu einer Salzsäule.
(27) Aber Abraham machte sich früh am Morgen auf zu dem Ort, wo er vor SEINEM (IHREM) Angesicht gestanden hatte.
(28) Und er schaute über Sodom und Gomorra hin und über das ganze Land im Umkreis. Er sah. Und siehe, Rauch stieg aus der Erde auf wie der Rauch des Schmelzofens.
(29) Es geschah, als Gott die Städte im Umkreis zerstört hatte, da gedachte Gott an Abraham. Er aber schickte Lot

mitten aus der Zerstörung hinaus, als er die Städte zerstörte, in denen Lot gewohnt hatte.
(30) Aber Lot zog hinauf von Zoar und wohnte auf dem Berg und seine zwei Töchter mit ihm. Denn er fürchtete sich, in Zoar zu bleiben. Und er wohnte in der Höhle, er und seine beiden Töchter.
(31) Da sprach die Erstgeborene zu der Jüngeren: »Unser Vater ist alt. Und kein Mann ist im Lande, um über uns zu kommen, wie es auf der ganzen Erde üblich ist.
(32) Komm, lasst uns unserem Vater Wein zu trinken geben und uns zu ihm legen – damit wir Leben empfangen durch unseres Vaters Samen.«
(33) Sie gaben ihrem Vater Wein zu trinken in jener Nacht und die Erstgeborene ging zu ihm und legte sich zu ihrem Vater. Aber er bemerkte ihr Kommen und Gehen nicht.
(34) Es geschah am Tag danach, da sprach die Erstgeborene zu der Jüngeren: »Siehe, ich habe gestern Abend bei meinem Vater gelegen. Wir wollen ihm auch diese Nacht Wein zu trinken geben, und geh und leg dich zu ihm, dass wir Leben empfangen durch unseres Vaters Samen.«
(35) Auch in jener Nacht gaben sie ihrem Vater Wein zu trinken. Die Jüngere stand auf und legte sich zu ihm. Und er bemerkte nicht ihr Kommen und Gehen.
(36) Da wurden die beiden Töchter Lots schwanger von ihrem Vater.
(37) Die Erstgeborene gebar einen Sohn und gab ihm den Namen Moab. Er ist der Stammvater Moabs bis heute.
(38) Auch die Jüngere gebar einen Sohn und nannte ihn Ben-Ammi. Er ist der Stammvater der Ammoniter bis auf diesen Tag.

20

(1) Abraham aber zog weiter von dort in das Land des Südens, in den Negev, und ließ sich nieder zwischen Kadesch und Schur, war also Gast in Gerar.

(2) Aber Abraham sagte dort über seine Frau: Sie ist meine Schwester. Da schickte Abimelech, der König von Gerar, nach Sarah und nahm sie.

(3) Aber Gott kam zu Abimelech im Traum der Nacht und sprach zu ihm: »Du wirst bald sterben wegen der Frau, die du genommen hast, denn sie ist eine verheiratete Frau.«

(4) Aber Abimelech war ihr nicht zu nah getreten. Er sprach: »Mein Herr, willst du ein Volk, das auch unschuldig ist, umbringen?!

(5) Sprach er doch zu mir: ›Sie ist meine Schwester‹, und sie, auch sie, sprach: ›Mein Bruder ist er.‹ In der Unschuld meines Hungers und der Reinheit meiner Hände habe ich dies getan.«

(6) Da sprach zu ihm die Gottheit im Traum: »Auch ich weiß, dass du dies in der Unschuld deines Herzens getan hast. Darum habe ich dich auch davor bewahrt, an mir zu sündigen, darum habe ich nicht zugelassen, sie zu berühren.

(7) Nun aber, gib die Frau des Mannes zurück, denn er ist ein Prophet und wird für dich beten. Du aber lebe. Aber wenn du sie nicht zurückbringst, wisse, dass du in jedem Fall sterben wirst, du und alles, was zu dir gehört.«

(8) Da stand Abimelech früh am Morgen auf, rief alle seine Knechte zusammen und erzählte ihnen diese ganze Geschichte. Da erschraken die Männer sehr.

(9) Abimelech rief Abraham und sprach zu ihm: »Was hast du uns angetan und was habe ich an dir verschuldet, dass du über mich und mein Königtum so große Schuld gebracht hast?! Untaten, die nicht geschehen sollten, hast du mir angetan.«

(10) Weiter sprach Abimelech zu Abraham: »Was hast du

dir dabei gedacht, als du diese Geschichte angezettelt hast?«
(11) Abraham sprach: »Ich dachte nur, an diesem Ort gibt es keine Gottergebenheit, und sie werden mich töten wegen meiner schönen Frau.
(12) Aber wahrlich, sie ist auch meine Schwester, ist sie doch die Tochter meines Vaters, nur nicht die Tochter meiner Mutter. So wurde sie meine Frau.
(13) Aber es geschah, als mich die Götter abirren ließen, hinweg vom Haus meines Vaters, da sprach ich zu ihr: ›Dies sei deine Liebe, die du an mir tust – an jedem Ort, wohin wir kommen, sprich von mir so: Mein Bruder ist er.‹«
(14) Da nahm Abimelech Schafe und Rinder, Knechte und Mägde und gab sie Abraham, auch brachte er ihm Sarah, seine Frau zurück.
(15) Dann sprach Abimelech: »Da, mein Land liegt vor dir, wo es schön ist in deinen Augen, da wohne.«
(16) Und zu Sarah sprach er: »Da, ich habe deinem Bruder tausend Silberstücke gegeben, die seien dir zum ›Augentrost‹ gegenüber allen, die um dich sind.«
(17) Und Abraham betete zu der Gottheit – und Gott heilte Abimelech und seine Frau und seine Mägde – und sie konnten wieder gebären.
(18) Denn fest verschlossen hatte ER, hochgelobt sei Sie, solange jeden Mutterleib vom Hause Abimelechs wegen Sarah, der Frau Abrahams.

21

(1) ER, hochgelobt sei Sie, suchte Sarah heim, wie er versprochen, und ER, hochgelobt sei Sie, tat an Sarah, was er gesagt hatte.
(2) Da ward Sarah schwanger und gebar Abraham einen Sohn seines Alters zu dem von Gott genannten Zeitpunkt.

(3) Abraham nannte seinen Sohn, der ihm geboren ward, den ihm Sarah geboren hatte, Jizchak.
(4) Als er acht Tage alt war, beschnitt Abraham seinen Sohn Jizchak, so wie es ihm Gott befahl.
(5) Abraham aber war einhundert Jahre alt, als ihm sein Sohn Jizchak geboren wurde.
(6) Sarah aber sprach: »Ein Lachen hat mir Gott bereitet. Alle, die davon hören, werden mir zulachen.«
(7) Weiterhin sprach sie: »Wer hätte es Abraham sagen können: Sarah wird Söhne stillen! Doch habe ich einen Sohn geboren – seinem Alter.«
(8) Das Kind aber wuchs und wurde entwöhnt. Da machte Abraham ein großes Gastmahl, am Entwöhnungstag Jizchaks.
(9) Da erblickte Sarah den Sohn der Ägypterin Hagar, den sie Abraham geboren hatte: Er lachte!
(10) Da sprach sie zu Abraham: »Vertreib diese Magd und ihren Sohn! Denn der Sohn dieser Magd soll nicht mit meinem Sohn Jizchak zusammen erben.«
(11) In den Augen Abrahams war diese Forderung sehr übel wegen seines Sohnes.
(12) Aber Gott sprach zu Abraham: »Lass es dir nicht übel sein wegen des Knaben und wegen deiner Magd. In allem, was dir Sarah sagt – höre auf ihre Stimme. Denn durch Jizchak werden dir Nachkommen genannt werden.
(13) Aber auch den Sohn der Magd will ich zu einem Volk einsetzen, denn er ist dein Nachkomme.«
(14) Da machte sich Abraham am Morgen auf, nahm Brot und einen Schlauch Wasser und gab's Hagar, legte ihn auf ihre Schulter – dazu auch das Kind – und vertrieb sie. Sie aber ging und verirrte sich in der Wüste bei Beerscheva.
(15) Aber das Wasser war ausgelaufen aus dem Schlauch. Da legte sie das Kind unter einen der Büsche.
(16) Sie ging davon, setzte sich von Ferne, einen Bogen-

schuss weit, denn sie sprach: »Nicht will ich zusehen beim Sterben des Kindes.« So saß sie von ferne, erhob ihre Stimme und weinte bitterlich.
(17) Gott aber hörte die Stimme des Knaben. Der Engel Gottes rief Hagar vom Himmel herzu und sprach zu ihr: »Was hast du, Hagar!? Fürchte dich nicht! Denn Gott hat gehört des Knaben Stimme, dort, wo er ist.
(18) Steh auf, nimm den Knaben, halte ihn fest mit deiner Hand. Denn zu einem großen Volk will ich ihn einsetzen.«
(19) Da öffnete Gott ihre Augen – und sie sah einen Wasserbrunnen. Da stand sie auf, füllte den Schlauch mit Wasser und gab dem Knaben zu trinken.
(20) Und Gott war mit dem Knaben, und der wurde groß und lebte in der Wüste – und war ein Bogenschütze.
(21) Er wohnte in der Wüste Paran. Seine Mutter nahm für ihn eine Frau aus Ägypten.
(22) Zu jener Zeit geschah es, da sprachen Abimelech und Pichol, sein Heeresoberster, zu Abraham also: »Gott ist mit dir bei allem, was du tust.
(23) Jetzt aber schwöre mir bei Gott, hier auf der Stelle, dass du nicht treulos an mir handeln wirst, auch nicht an meinen Kindern und Enkeln. Dieselbe Treue, die ich dir erwiesen habe, sollst du auch mir erweisen und dem Land, in dem du Gast gewesen bist.«
(24) Abraham antwortete: »Ich schwöre.«
(25) Aber Abraham zog Abimelech zur Rechenschaft wegen des Wasserbrunnens, den die Knechte Abimelechs an sich gerissen hatten.
(26) Abimelech sprach: »Ich weiß nicht, wer diese Sache getan hat, weder du hast mir davon erzählt, noch habe ich bis heute davon gehört.«
(27) Abraham aber nahm Ziegen und Rinder und gab sie Abimelech, und die beiden schlossen einen Bund.
(28) Aber Abraham stellte sieben Schafe gesondert auf.

(29) »Was sind hier diese sieben Schafe, die du gesondert aufgestellt hast?«, fragte Abimelech Abraham.
(30) Der sprach: »Diese sieben Schafe sollst du aus meiner Hand nehmen. Sie sollen mir zum Beweis dienen, dass ich diesen Wasserbrunnen gegraben habe.«
(31) Darum nannte man jenen Ort Beerscheva, denn da haben sie beide geschworen.
(32) Und sie schlossen einen Bund in Beerscheva. Dann erhoben sich Abimelech und sein Heeresoberster und kehrten in das Land der Philister zurück.
(33) Abraham pflanzte eine Tamariske in Beerscheva und rief dort bei Namen: »ER, hochgelobt sei Sie, ist der ›Gott der Weltzeit‹.«
(34) Und Abraham blieb zu Gast im Lande der Philister viele Tage.

22

(1) Es geschah nach diesen Geschichten. Da versuchte Gott Abraham und sprach zu ihm: »Abraham!« Und er antwortete: »Hier bin ich!«
(2) Er sprach nun: »Nimm doch deinen Sohn, deinen einzigen, den du liebst, Jizchak – und geh doch in das Land Morija und bringe ihn dort dar als ›Brandopfer‹ auf einem der Berge, den ich dir sagen werde.«
(3) Da stand Abraham früh am Morgen auf, sattelte seinen Esel und nahm seine zwei Knechte mit sich – und Jizchak, seinen Sohn. Er spaltete Holz für das Brandopfer, stand auf und ging zu dem Ort, den die Gottheit ihm genannt hatte.
(4) Am dritten Tage aber hob Abraham seine Augen auf, und er sah den Ort von ferne.
(5) Abraham sprach zu seinen beiden Knechten: »Bleibt ihr hier bei dem Esel, aber ich und der Knabe wollen dort

hingehen, wir werden anbeten, und wir werden zu euch zurückkommen.«
(6) Abraham nahm das Holz für das Brandopfer und legte es seinem Sohn Jizchak auf. In seine Hand aber nahm er das Feuer und das Messer, und es gingen die beiden zusammen.
(7) Da sprach Jizchak zu seinem Vater, zu Abraham. Er sprach: »Mein Vater!« Er sprach: »Hier bin ich, mein Sohn.« Er sprach: »Hier ist Feuer für das Holz, aber wo ist das Lamm für das Brandopfer?«
(8) Da sprach Abraham: »Gott wird sich ersehen das Lamm zum Brandopfer, mein Sohn.« Und es gingen die beiden zusammen.
(9) Sie kamen zu dem Ort, von dem ihm die Gottheit gesagt hatte. Abraham baute dort den Altar und stapelte das Holz darauf, er band Jizchak, seinen Sohn, und legte ihn auf den Altar über die Hölzer.
(10) Abraham streckte seine Hand aus und ergriff das Messer, um zu schlachten – seinen Sohn.
(11) Da rief ihm zu SEIN Engel vom Himmel her und schrie: »Abraham, Abraham!« Er sprach: »Hier bin ich!«
(12) Der sprach: »Strecke deine Hand nicht aus über dem Knaben und tu ihm nichts an! Denn nun weiß ich, dass du Ehrfurcht vor Gott hast und dass du mir nicht vorenthältst deinen Sohn, deinen einzigen.«
(13) Da hob Abraham seine Augen auf. Und er sah: Siehe, ein Widder, hinter sich verfangen im Dickicht mit seinen Hörnern. Abraham ging hin, nahm den Widder und brachte ihn zum Brandopfer dar an seines Sohnes statt.
(14) Und Abraham gab jenem Ort einen Namen: »ER, hochgelobt sei Sie, sieht«, so heute noch gesagt wird: »Der Berg, auf dem ER erscheint«.
(15) Aber sein Engel rief Abraham zum zweiten Mal vom Himmel herzu und sprach:

(16) »Bei mir hab ich geschworen – SEIN Spruch – weil du dieses getan hast und nicht verweigert hast deinen Sohn, deinen einzigen.

(17) Darum will ich dich wahrlich segnen und gewiss will ich zahlreich machen deine Nachkommen wie die Sterne des Himmels und wie den Sand am Ufer des Meeres, und deine Nachkommen werden das ›Tor ihrer Feinde‹ in Besitz nehmen.

(18) Und alle Völker der Erde werden sich segnen durch deine Nachkommen, darum, weil du auf meine Stimme gehört hast.«

(19) Dann kehrte Abraham zu seinen Knechten zurück. Sie erhoben sich und gingen zusammen nach Beerscheva. Und Abraham blieb in Beerscheva.

(20) Es geschah nach diesem Geschehen. Abraham wurde berichtet: »Siehe, auch Milkah hat deinem Bruder Nachor Söhne geboren.«

(21) Uz, seinen Erstgeborenen, und Bus, seinen Bruder, und Kemuel, dem Stammvater von Aram

(22) und außerdem Kesed, Haso, Pildasch, Jidlaf und Betuel.

(23) Und Betuel zeugte Rivkah (Rebekka). Diese acht hat Milkah Nachor, dem Bruder Abrahams, geboren.

(24) Aber seine Nebenfrau mit Namen Reumah, auch sie gebar: Tebach, Gacham, Tachasch und Maachah.

23

(1) Die Lebensjahre Sarahs waren einhundertsiebenundzwanzig Jahre, dies ist die Lebenszeit Sarahs.

(2) Und Sarah starb in Kirjat Arba, das ist Hebron im Lande Kanaan. Da kam Abraham, um Sarah zu beklagen und sie zu beweinen.

(3) Danach erhob sich Abraham von seiner Toten und sprach zu den Hethitern:
(4) »Ein Gast und Obdachloser bin ich unter euch. Gebt mir ein Erbgrab unter euch, damit ich meine Tote begraben kann – von meinem Angesicht weg.«
(5) Die Hethiter antworteten Abraham und sprachen zu ihm:
(6) »Höre uns an, Herr. Ein ›Fürst Gottes‹ bist du unter uns. In einer der besten unserer Grabstätten begrabe deine Tote. Keiner von uns wird dir seine Grabstätte verweigern, damit du deine Tote begraben kannst.«
(7) Da stand Abraham auf und verneigte sich vor dem Volk des Landes, vor den Hethitern.
(8) Dann redete er mit ihnen so: »Wenn es euer Seelenwunsch ist, dass ich meine Tote begrabe – mir vom Angesicht, dann hört mich an: ›Tretet für mich ein bei Ephron, dem Sohn Zochars,
(9) dass er mir gebe die Höhle Machpelah, die sein ist und am Ende seines Feldes liegt. Zum vollen Silberwert soll er sie mir geben – zu einem Erbgrab in eurer Mitte.‹«
(10) Aber Ephron saß unter den Hethitern. Ephron, der Hethiter, antwortete Abraham vor den Ohren der Hethiter und allen, die in das Tor seiner Stadt hineinkommen:
(11) »Nicht doch, mein Herr, hör mich an, das Feld gebe ich dir und die Höhle, die darauf ist, dir gebe ich auch sie. Vor den Augen der Söhne meines Volkes gebe ich sie dir. Begrabe deine Tote.«
(12) Da verneigte sich Abraham abermals vor dem Volk des Landes, indem er sagte: »Ach, wenn du doch auf mich hörtest: Ich gebe Silber für das Feld, nimm es von mir – und ich will meine Tote dort begraben.«
(14) Da antwortete Ephron Abraham und sprach zu ihm:
(15) »Mein Herr, höre auf mich: Ein Landstück von vierhundert Schekel Silber, zwischen mir und dir – was ist das schon? Und deine Tote begrabe.«

(16) Und Abraham hörte auf Ephron genau. Abraham wog Ephron das Silber dar, wovon er gesprochen hatte vor den Ohren der Hethiter: Vierhundert Schekel Silber gängiger Währung.
(17) So ging das Feld Ephrons, auf dem Machpelah, das bei Mamre ist, liegt, das Feld und die Höhle auf ihm und alle Bäume auf dem Feld und alles, was in seinen Grenzen liegt ringsum
(18) in den Besitz Abrahams über vor den Augen der Hethiter und vor allen, die in das Tor seiner Stadt hineinkommen.
(19) Danach erst begrub Abraham Sarah, seine Frau, in der Höhle des Feldes von Machpelah bei Mamre, in Hebron im Lande Kanaan.
(20) So wurde das Feld und die Höhle darauf Abraham auf Dauer bestätigt zum Erbgrab von den Hethitern.

24

(1) Aber Abraham war alt geworden und in die Jahre gekommen. ER aber, hochgelobt sei Sie, hatte Abraham in allem gesegnet.
(2) Da sprach Abraham zu seinem Knecht, dem ältesten in seinem Haus, dem Verwalter über seinen ganzen Besitz: »Lege doch deine Hand unter meine Hüfte,
(3) und ich will dich schwören lassen bei IHM, hochgelobt sei Sie, dem Gott des Himmels und dem Gott der Erde, dass du nicht nimmst eine Frau für meinen Sohn von den Töchtern der Kanaanäer, in deren Mitte ich wohne,
(4) sondern in mein Land, zu meiner Verwandtschaft sollst du gehen und eine Frau nehmen für meinen Sohn Jizchak.«
(5) Der Knecht aber sprach zu ihm: »Vielleicht aber will die Frau nicht mit mir gehen in dieses Land, soll ich dann

wirklich deinen Sohn zurückbringen in das Land, aus dem du ausgezogen bist?«
(6) Aber Abraham sprach zu ihm: »Hüte dich! Bringe meinen Sohn nicht dorthin zurück!
(7) ER, hochgelobt sei Sie, der Gott des Himmels, der mich genommen hat aus dem Haus meines Vaters und dem Land meiner Verwandtschaft, der mir zugesprochen und zugeschworen hat also: ›Deinen Nachkommen gebe ich dieses Land‹, er wird seinen Engel vor dir her senden – und du wirst meinem Sohn eine Frau von dort nehmen.
(8) Wenn aber die Frau dir nicht folgen will, dann bist du frei von diesem meinem Schwur. Bloß meinen Sohn bringe dorthin nicht zurück!«
(9) Da legte der Knecht seine Hand unter die Hüfte Abrahams, seines Herrn und schwur es ihm zu, auf dieses Wort hin.
(10) Nun nahm der Knecht zehn Kamele von den Kamelen seines Herrn und ging los, auch allerlei Schönes seines Herrn hatte er mitgenommen, er stand auf und ging nach Aram Naharajim zur Stadt Nachors.
(11) Er ließ die Kamele lagern außerhalb der Stadt am Wasserbrunnen zur Abendzeit, zur Zeit, in der die Schöpferinnen herauskommen.
(12) Er sprach: »DU, Gott meines Herren Abraham: Füge es doch vor mir heute und erweise Treue meinem Herren Abraham.
(13) Da, ich stehe an der Wasserquelle und die Töchter der Stadt kommen heraus, um Wasser zu schöpfen.
(14) Und es soll so sein: Die junge Frau, zu der ich sagen werde, neige doch deinen Krug, damit ich trinken kann, und sie wird sagen: Trinke, aber auch deine Kamele will ich tränken – diese hast du bestimmt für deinen Knecht – für Jizchak, und durch sie werde ich erkennen, dass du Treue erwiesen hast meinem Herren.«

(15) Und es geschah, noch bevor er zu Ende geredet hatte, da kam Rivkah heraus, geboren dem Betuel, Sohn der Milkah, der Frau Nachors, des Bruder Abrahams, ihren Krug auf ihrer Schulter.
(16) Diese junge Frau war von sehr schönem Aussehen, und kein Mann hatte sie erkannt, sie stieg hinab zur Quelle, füllte ihren Krug und kam herauf.
(17) Da lief der Knecht ihr entgegen und sprach: »Erfrische mich doch mit ein wenig Wasser aus deinem Krug!«
(18) Da sprach sie: »Trinke, mein Herr!« Schnell nahm sie ihren Krug herab und gab ihm zu trinken.
(19) Als sie ihm genug zu trinken gegeben hatte, sprach sie: »Auch deinen Kamelen will ich schöpfen, so lange, bis sie genug getrunken haben.«
(20) Sie beeilte sich und leerte ihren Krug in der Tränke aus und lief nochmals zum Brunnen, um zu schöpfen – und schöpfte für alle seine Kamele.
(21) Der Mann schaute ihr verwundert zu, schweigend, um zu erkennen, ob ER, hochgelobt sei Sie, seinen Weg genügen lasse oder nicht.
(22) Als aber die Kamele genug getrunken hatten, nahm der Mann einen goldenen Ring, einen halben Schekel schwer, und zwei Armreifen, zehn Goldschekel wert
(23) und fragte: »Wessen Tochter bist du? Sag es mir doch. Und gibt es im Haus deines Vaters Platz für uns, um zu übernachten?«
(24) Sie sprach zu ihm: »Die Tochter Betuels bin ich – Sohnes der Milkah, die Nachor gebar.«
(25) Weiter sagte sie: »Auch Stroh und Futter ist genug bei uns. Auch ein Platz, um zu übernachten.«
(26) Da bückte sich der Mann und verneigte sich tief vor IHM, hochgelobt sei Sie,
(27) und sprach: »Gesegnet seist DU, Gott meines Herren Abraham, der du nicht weggenommen hast deine Liebe und deine Treue von meinem Herrn. Ich bin auf dem

Weg. ER, hochgelobt sei Sie, hat mich geführt in das Haus des Bruders meines Herren.«
(28) Die junge Frau aber lief und erzählte im Hause ihrer Mutter dieses Ereignis.
(29) Aber Rivkah hatte einen Bruder mit Namen Laban. Und Laban lief zu dem Mann, draußen an der Quelle.
(30) Es geschah, als er sah den Ring und die Reifen an den Armen seiner Schwester und während er noch hörte und die Worte Rivkahs, seiner Schwester, also: So hat der Mann zu mir geredet, da kam er auch schon zu dem Mann. Da – er stand bei den Kamelen an der Quelle.
(31) »Komm, Gesegneter des Ewigen, IHM, hochgelobt sei Sie, warum stehst du draußen? Ich selber habe das Haus aufgeräumt und Platz geschaffen für die Kamele.«
(32) Da kam der Mann in das Haus, er zäumte die Kamele ab. Man gab den Kamelen Stroh und Futter, und Wasser, um seine Füße zu waschen und die Füße der Männer, die mit ihm waren.
(33) Man legte ihm zu essen vor, er aber sprach: »Ich will nicht essen, bevor ich nicht meine Rede gesprochen habe.« Da sprach man: »Rede!«
(34) Er sagte: »Abrahams Knecht bin ich.
(35) ER, hochgelobt sei Sie, hat meinen Herren sehr gesegnet, so dass er groß wurde. Er gab ihm Schafe und Rinder, Silber und Gold, Knechte und Mägde, Kamele und Esel.
(36) Und Sarah gebar, die Frau meines Herren, einen Sohn für meinen Herrn in ihrem hohen Alter. Er aber gab ihm
(37) alles, was sein ist. Da ließ mein Herr mich so schwören: ›Du sollst keine Frau von den Töchtern der Kanaanäer für meinen Sohn nehmen, in deren Land ich wohne.
(38) Vielmehr sollst du in das Haus meines Vaters gehen und zu meiner Verwandtschaft und eine Frau für meinen Sohn nehmen.‹

(39) Da sprach ich zu meinem Herren: ›Vielleicht aber will die Frau mir nicht folgen.‹

(40) Er aber sprach zu mir: ›ER, hochgelobt sei Sie, vor dem ich mein Leben lang wandle, wird seinen Engel mit dir senden und wird deinen Weg gelingen lassen, und du wirst eine Frau nehmen für meinen Sohn von meiner Verwandtschaft und vom Haus meines Vaters.

(41) Nur dann bist du befreit von meinem Eid, wenn du zu meiner Verwandtschaft gegangen bist und sie dir keine Frau geben. So wirst du frei sein von meinem Schwur.‹

(42) Aber heute kam ich an die Quelle und dachte: ›DU Gott meines Herren Abraham, lass doch gelingen meinen Weg, auf dem ich gehe!

(43) Ich will mich an die Wasserquelle stellen, und es soll so sein: Die junge Frau kommt heraus, um zu schöpfen, und ich werde zu ihr sagen: Lass mich doch ein wenig Wasser trinken aus deinem Krug.

(44) Da wird sie zu mir sagen: Trinke du, aber ich will auch für deine Kamele Wasser schöpfen. Sie ist die Frau, die ER, hochgelobt sei Sie, bestimmt hat für den Sohn meines Herren.‹

(45) Aber noch bevor ich aufgehört hatte, zu meinem Herzen zu reden, kam Rivkah heraus, und ihr Krug war auf ihrer Schulter und sie stieg zur Quelle hinab und schöpfte. Da sprach ich zu ihr: ›Lass mich doch trinken.‹

(46) Sogleich nahm sie den Krug herab und sprach: ›Trinke. Aber deine Kamele will ich auch tränken.‹ Und ich trank, und sie tränkte auch die Kamele.

(47) Da fragte ich sie und sprach: ›Wessen Tochter bist du?‹ Und sie sprach: ›Die Tochter Betuels, des Sohnes Nachors, den ihm geboren Milkah.‹ Da tat ich den Ring an ihre Nase und die Reifen an ihre Arme.

(48) Aber ich beugte mich und betete IHN, hochgelobt sei Sie, an. Gesegnet bist DU, Gott meines Herren Abraham, der mich geführt hat auf wahrhaftigem Weg, um zu neh-

men die Tochter des Neffen meines Herrn – für seinen Sohn.
(49) Jetzt aber: Wollt ihr Liebe und Treue an meinem Herren üben – so sagt es mir. Wenn aber nicht, so sagt es mir auch, dass ich mich wenden kann zur Rechten oder zur Linken.«
(50) Da antworteten Laban und Betuel – und sie sprachen: »Von IHM, hochgelobt sei Sie, ist die Geschichte ausgegangen. Dazu können wir nichts sagen, weder ablehnend noch zustimmend.
(51) Rivkah ist vor dir. Nimm sie und geh, und sie sei die Frau für den Sohn deines Herrn, so wie ER, hochgelobt sei Sie, es will.«
(52) Als der Knecht Abrahams ihre Worte gehört hatte, beugte er sich tief zur Erde – vor IHM, hochgelobt sei Sie.
(53) Da nahm der Knecht hervor silberne und goldene Geräte und Kleider und gab sie Rivkah. Und Kostbarkeiten gab er ihrem Bruder und ihrer Mutter.
(54) Dann aßen und tranken sie, er und die Männer, die bei ihm waren, dann schliefen sie. Aber am Morgen standen sie auf und er sprach: »Lasst mich zu meinem Herren gehen!«
(55) Da sprach ihr Bruder und ihre Mutter: »Es bleibe die junge Frau noch bei uns wenigstens zehn Tage, danach magst du gehen.«
(56) Er aber sprach zu ihnen: »Haltet mich nicht zurück, da doch ER, hochgelobt sei Sie, meinen Weg gelingen ließ. Lasst mich ziehen, dass ich zu meinem Herren gehe.«
(57) Sie sprachen aber: »Wir wollen die junge Frau rufen und sie fragen nach ihrer Meinung.«
(58) Sie riefen Rivkah und sprachen zu ihr: »Willst du mit diesem Mann gehen?« Sie antwortete: »Ich will.«
(59) Da ließen sie ziehen ihre Schwester Rivkah, ihre Amme und den Knecht Abrahams und seine Männer.
(60) Und sie segneten Rivkah und sprachen zu ihr: »Un-

sere Schwester, du sollst werden zu einer tausendfachen Menge, und deine Nachkommen sollen besitzen das Tor derer, die sie hassen.«
(61) Da erhob sich Rivkah und mit ihr ihre Mägde, und sie ritten auf Kamelen und folgten dem Mann. Da nahm der Knecht Rivkah und ging.
(62) Jizchak aber kam von einem Gang zum Brunnen »Lachai Roi«. Denn er wohnte im Negev, dem Südland.
(63) Und Jizchak ging heraus auf das Feld, um sich zu erfreuen, zu ergötzen, zu entzücken zur Abendzeit. Da hob er seine Augen auf und sah Kamele kommen.
(64) Auch Rivkah hob ihre Augen auf und sah Jizchak. Da stieg sie vom Kamel herab.
(65) Sie sprach zu dem Knecht: »Wer ist dieser Mann, der uns auf dem Feld entgegenkommt?« Der Knecht sprach zu ihr: »Das ist mein Herr.« Da nahm sie den Schleier und verhüllte sich.
(66) Der Knecht aber erzählte Jizchak die ganze Geschichte, die er vollführt hatte.
(67) Jizchak aber brachte sie in das Zelt Sarahs, seiner Mutter. Er nahm Rivkah, und sie wurde seine Frau. Und er liebte sie. So tröstete sich Jizchak wegen seiner Mutter.

25

(1) Und Abraham nahm nochmals eine Frau mit Namen Keturah.
(2) Sie gebar ihm: Simran und Jokschan und Medan und Midjan, Jischbak und Schuach.
(3) Und Jokschan zeugte Scheba und Dedan. Die Söhne Dedans aber sind die Aschurim, Letuschim und die Leumim.
(4) Die Söhne Midjans aber: Ephah, Ephar, Chanoch, Avida und Eldaah. Diese alle sind Söhne der Keturah.
(5) Aber Abraham gab alles, was sein ist, Jizchak.

(6) Aber den Söhnen seiner Nebenfrauen gab Abraham auch Geschenke und ließ sie hinwegziehen von Jizchak, seinem Sohn, als er noch lebte – ostwärts in die Länder des Ostens.
(7) Und dies sind die Tage der Lebensjahre Abrahams, die er gelebt: einhundertfünfundsiebzig Jahre.
(8) Abraham verschied und starb im geglückten Alter, alt und lebenssatt, und wurde versammelt zu seinen Völkern.
(9) Jizchak und Jischmael, seine Söhne, begruben ihn in der Höhle Machpelah auf dem Felde Ephrons, des Sohnes Zochars, des Hethiters, bei Mamre.
(10) Das ist das Feld, das Abraham von den Hethitern gekauft hatte. Dort sind begraben Abraham und seine Frau Sarah.
(11) Es geschah nach dem Tode Abrahams, da segnete Gott seinen Sohn Jizchak. Jizchak aber wohnte am Brunnen Lachai Roi.
(12) Dies sind die Generationen nach Jischmael, des Sohnes Abrahams, den Hagar geboren hat, die ägyptische Magd Sarahs für Abraham.
(13) Und dies sind die Namen der Söhne Jischmaels mit ihren Namen und ihren Generationen. Der Erstgeborene Jischmaels ist Nebajot; weiterhin Kedar, Adbeel und Mibsam
(14) und Mischna, Dumah und Massa.
(15) Weiter: Chadad, Tema, Jetur, Naphisch und Kedmah.
(16) Diese sind die Söhne Jischmaels und dies sind ihre Namen in ihren Siedlungen und in ihren Zeltlagern: zwölf Fürsten ihrer Völker.
(17) Und dies sind die Jahre der Lebenszeit Jischmaels: einhundertsiebenunddreißig Jahre. Er verschied und starb und wurde versammelt zu seinen Völkern.
(18) Sie aber wohnten von Chawilah bis nach Schur, das bei Ägypten liegt, bis man nach Assyrien kommt, bei allen seinen Brüdern ließ er sich nieder.

(19) Dies ist die Generationsfolge Jizchaks, des Sohnes Abrahams. Abraham zeugte Jizchak.
(20) Jizchak war vierzig Jahre, als er Rivkah nahm, die Tochter Betuels, des Aramäers aus Padan-Aram, Schwester Labans, des Aramäers, für sich zur Frau.
(21) Und Jizchak flehte zu IHM, hochgelobt sei Sie, um seiner Frau willen, denn Gott hatte es ihr verwehrt, ein Kind zu bekommen. ER, hochgelobt sei Sie, ließ sich von ihm erflehen – und seine Frau Rivkah wurde schwanger.
(22) Da stießen sich gegenseitig die Söhne in ihrem Leib, da sprach sie: »Wenn das so ist, wozu bin dann ich?« Und sie ging, nach IHM, hochgelobt sei Sie, zu suchen.
(23) ER, hochgelobt sei Sie, sprach zu ihr: »Zwei Völker sind in deinem Bauch, und zwei Stämme werden sich aus deinem Leib heraus scheiden. Und der eine Stamm wird mächtiger sein als der andere, und der Große werde dem Kleinen dienen.«
(24) Und als die Zeit erfüllt war, um zu gebären – da waren Zwillinge in ihrem Bauch.
(25) Es kam der erste heraus, rötlich und ganz mit Haaren wie mit einem Prachtmantel bedeckt – und man nannte seinen Namen Esaw.
(26) Danach kam sein Bruder heraus, seine Hand fassend an der Ferse Esaws, ihm gab man den Namen Jaakob. Jizchak aber war sechzig Jahre, als sie geboren wurden.
(27) Und die Knaben wurden erwachsen. Esaw wurde ein Jäger, ein Mann der Flur, Jaakob aber ein ruhiger Mann, sitzend in den Zelten.
(28) Und Jizchak liebte Esaw wegen des Wildprets für seinen Mund. Rivkah aber liebte Jaakob.
(29) Eines Tages kochte Jaakob einen Eintopf, Esaw aber kam aus der Flur, und er war todmüde.
(30) Esaw sprach zu Jaakob: »Gib mir doch ab von dem Roten, diesem Roten da, denn todmüde bin ich.« Darum rief man ihn auch Edom, Roter.

(31) Jaakob aber sprach: »Verkaufe mir doch heute dein Erstgeburtsrecht.«
(32) Da sprach Esaw: »Ich werde bald sterben, was soll mir da die Erstgeburt.«
(33) Jaakob sprach: »Schwör mir's zu, jetzt« – und er schwur ihm – und verkaufte so sein Erstgeburtsrecht an Jaakob.
(34) Da gab Jaakob Esaw Brot und rote Linsensuppe. Er aber aß und trank, stand auf und ging. So achtete Esaw die Erstgeburt gering.

26

(1) Wieder einmal war eine Hungersnot im Land, außer der ersten Hungersnot in den Tagen Abrahams, da ging Jizchak zu Abimelech, dem König der Philister, nach Gerar.
(2) Und ER, hochgelobt sei Sie, erschien ihm und sprach: »Geh nicht hinab nach Ägypten, wohne im Land, das ich dir sage.
(3) Sei Gast in diesem Land, und ich will mit dir sein und will dich segnen, denn dir und deinen Nachkommen will ich alle diese Gebiete geben, und ich will erfüllen den Schwur, den ich deinem Vater Abraham geschworen habe.
(4) Und ich werde deine Nachkommen zahlreich machen wie die Sterne des Himmels und werde deinen Nachkommen alle diese Gebiete geben – und mit deinen Nachkommen werden sich alle Völker der Erde segnen,
(5) weil Abraham auf meine Stimme gehört hat. Er hat bewahrt meine Vorschriften, meine Befehle, meine Gebote und meine Lehren.«
(6) Da blieb Jizchak in Gerar.
(7) Die Männer des Ortes fragten nach seiner Frau. Er aber sagte: »Sie ist meine Schwester.« Denn er hatte Angst

zu sagen »meine Frau« – damit ihn nicht die Männer des Ortes töten wegen Rivkah, denn sie ist schön vom Aussehen.
(8) Und es geschah, als er schon einige Zeit dort war, da schaute Abimelech, der König der Philister, aus dem Fenster und er sah, dass Jizchak seine Frau Rivkah liebkoste.
(9) Da rief Abimelech Jizchak heran und sprach: »Sieh mal an, sie ist deine Frau! Wie konntest du sagen, sie ist meine Schwester!?«
Da sprach Jizchak zu ihm: »Das habe ich gesagt, damit ich nicht ihretwegen sterben muss.«
(10) Da sagte Abimelech: »Was hast du uns angetan! Es hätte nicht viel gefehlt, und ein ›Mann des Volkes‹ hätte sich zu deiner Frau gelegt und so Schuld über uns gebracht.«
(11) Da befahl Abimelech dem ganzen Volk: »Wer diesen Mann und seine Frau antastet, muss sterben.«
(12) Da säte Jizchak in jenem Land und erntete hundertfältig, weil ER, hochgelobt sei Sie, ihn gesegnet hatte.
(13) Der Mann wurde mächtig und wurde immer mächtiger, bis er sehr mächtig war.
(14) Ihm gehörten Schaf- und Rinderherden und eine große Dienerschaft. Da waren die Philister neidisch auf ihn,
(15) und alle Brunnen, die Abrahams Knechte zu seinen Lebzeiten gegraben hatten, schütteten die Philister zu und füllten sie mit Erde.
(16) Da sprach Abimelech zu Jizchak: »Geh von uns, denn du bist viel mächtiger geworden als wir.«
(17) Da ging Jizchak weg von dort und lagerte im Nachal-Gerar und wohnte dort.
(18) Und Jizchak grub die Wasserbrunnen wieder auf, die sie in den Tagen Abrahams, seines Vaters, gegraben hatten und die die Philister nach Abrahams Tod zugeschüttet hatten. Er aber gab ihnen die Namen wieder, die sein Vater ihnen gegeben hatte.

(19) Aber die Knechte Jizchaks gruben auch im Bachtal von Gerar und fanden dort einen Brunnen »lebendigen Wassers«.
(20) Da stritten die Hirten von Gerar mit Jizchaks Hirten und sprachen: »Uns gehört das Wasser.« Da nannte er den Brunnen Esek (Streit), denn sie hatten sich mit ihm gestritten.
(21) Da gruben sie einen anderen Brunnen, auch um diesen stritten sie. Da nannte er diesen Sitnah (Ort des Widerspruchs).
(22) Dann zog er von dort weg und grub einen anderen Brunnen, um den stritten sie nicht. Den nannte er Rechovot (Weite) und sprach: »Nun hat ER, hochgelobt sei Sie, uns Raum gegeben, und wir werden gedeihen im Lande.«
(23) Und er zog von dort hinauf nach Beerscheva.
(24) ER, hochgelobt sei Sie, erschien ihm in jener Nacht und sprach: »Ich bin der Gott Abrahams, deines Vaters, fürchte dich nicht, denn mit dir bin Ich und ich will dich segnen und zahlreich machen deine Nachkommen, um meines Knechtes Abrahams willen.«
(25) Da baute er dort einen Altar und rief SEINEN, hochgelobt sei Sie, Namen an und baute da sein Zelt auf. Aber die Knechte Jizchaks ergruben auch dort einen Brunnen.
(26) Da kam Abimelech zu ihm von Gerar her mit Achusat, einem von seinen Freunden, und Pichol, dem Obersten seines Heeres.
(27) Aber Jizchak sprach zu ihnen: »Warum seid ihr zu mir gekommen? Habt ihr mich nicht gehasst und von euch vertrieben?!«
(28) Sie aber sprachen: »Nun haben wir aber sicher erkannt, dass ER, hochgelobt sei Sie, mit dir ist; und wir haben gedacht, es solle doch ein Eid zwischen uns sein, zwischen uns und dir: Wir wollen einen Bund schließen mit dir.

(29) Tue uns kein Übel an, wie auch wir dich nicht angetastet haben und dir nur Gutes antaten und dich in Frieden gehen ließen. Du bist ein Gesegneter von IHM, hochgelobt sei Sie.«
(30) Da bereitete er ihnen ein Gastmahl, und sie aßen und tranken.
(31) Früh am Morgen machten sie sich auf und schworen einander zu, und Jizchak ließ sie gehen. Und sie gingen von ihm weg im Frieden.
(32) Es geschah an jenem Tag. Da kamen die Knechte Jizchaks und berichteten ihm wegen des Brunnens, den sie gegraben, und sprachen zu ihm: »Wir haben Wasser gefunden.«
(33) Da nannte er den Brunnen Schiva (Schwur). Daher kommt der Name der Stadt Beerscheva bis auf diesen Tag.
(34) Als Esaw vierzig Jahre alt war nahm er eine Frau, nämlich Jehudit, die Tochter Beeris, des Hethiters, und noch Basemat, die Tochter Elons, des Hethiters.
(35) Diese waren für Jizchak und Rivkah ein Herzeleid.

27

(1) Und es geschah, als Jizchak alt geworden war und seine Augen schwach geworden waren, nicht mehr sehen konnten, da rief er Esaw, seinen großen Sohn, und sprach zu ihm: »Mein Sohn!« Er aber antwortete ihm: »Hier bin ich.«
(2) »Sieh doch, ich bin alt, und ich kenne den Tag meines Todes nicht.
(3) Darum nun: Nimm deine Waffen, deinen Köcher und deinen Bogen, geh in die Flur und jage mir Wildpret
(4) und mache mir eine schmackhafte Speise, wie ich sie liebe, und bringe sie mir, dass ich sie esse, damit meine Seele dich segne, bevor ich sterbe.«

(5) Aber Rivkah hörte, was Jizchak redete zu Esaw, seinem Sohn. Esaw aber ging in die Flur, um Wildpret zu
jagen und zu bringen.
(6) Rivkah aber sprach zu Jaakob, ihrem Sohn, so: »Sieh
doch, ich habe gehört deinen Vater, der zu Esaw, deinem
Bruder, so geredet hat:
(7) ›Bring mir Wildpret und mache mir eine schmackhafte Speise, die ich essen will, und ich will dich segnen vor
IHM, hochgelobt sei Sie, vor meinem Tod.‹
(8) Und nun, mein Sohn, höre auf meine Stimme! Darauf,
was ich dir befehle!
(9) Geh doch zu den Ziegen und nimm mir von dort
zwei Ziegenböcklein, unversehrt, und ich will sie berei-
ten als schmackhaftes Gericht für deinen Vater, so wie er
es liebt.
(10) Und du wirst es zu deinem Vater bringen, dass
er dich segne vor seinem Tod.«
(11) Da sprach Jaakob zu Rivkah, seiner Mutter: »Sieh
doch, Esaw, mein Bruder, ist ein behaarter Mann, ich
aber bin glatt.
(12) Vielleicht betastet mich mein Vater, und ich wäre in
seinen Augen wie ein Betrüger, und er bringt über mich
Verachtung und nicht Segen.«
(13) Da sprach zu ihm seine Mutter: »Auf mich falle deine Verachtung, mein Sohn. Ach, höre auf meine Stimme,
geh und nimm mir's.«
(14) Da ging er, nahm und brachte es seiner Mutter. Und
seine Mutter bereitete eine schmackhafte Speise, wie sein
Vater sie liebt.
(15) Aber Rivkah nahm die Kleider ihres großen
Sohnes Esaw, die Festgewänder, die bei ihr im Haus
waren, und ließ sie Jaakob, ihren kleinen Sohn, anziehen.
(16) Und die Haut der Ziegenböckchen zog sie über seine Hände und über die Glätte seines Nackens.

(17) Dann gab sie die schmackhafte Speise und das Brot,
das sie bereitet hatte, in die Hand ihres Sohnes Jaakob.
(18) Er aber ging hinein zu seinem Vater und sprach:
»Mein Vater« Er sagte: »Hier bin ich. Wer bist du, mein
Sohn?«
(19) Jaakob sprach zu seinem Vater: »Ich bin Esaw, dein
Erstgeborener. Ich habe getan, wie du zu mir gesagt hast.
Steh doch auf, setze dich und iss von meinem Wildpret,
dass deine Seele mich segne.«
(20) Da sprach Jizchak zu seinem Sohn: »Wie kommt es,
dass du so schnell Wild gefunden hast, mein Sohn?« Der
sprach: »ER, hochgelobt sei Sie, dein Gott hat es mir so
gefügt.«
(21) Da sprach Jizchak zu Jaakob: »Tritt doch herzu, dass
ich dich betaste, mein Sohn, ob du mein Sohn Esaw bist
oder nicht.«
(22) Jaakob trat heran zu Jizchak, seinem Vater, und er
betastete ihn »Die Stimme ist die Stimme Jaakobs, aber
die Hände sind Esaws Hände.«
(23) Aber er untersuchte ihn nicht genau, denn seine
Hände waren behaart wie die Hände Esaws, seines Bruders.
(24) Und er sprach: »Bist du mein Sohn Esaw?« Und er
sagte: »Ja, ich.«
(25) Er sprach: »Dann reich es mir, dass ich esse vom
Wildpret, mein Sohn, und meine Seele dich segne.« Und
er reichte es ihm, und er aß, und er brachte ihm Wein,
und er trank.
(26) Da sprach Jizchak, sein Vater, zu ihm: »Tritt heran
und küss mich, mein Sohn.«
(27) Er trat herzu und küsste ihn, und er roch den Geruch
seiner Kleider und segnete ihn und sprach: »Fürwahr, der
Geruch meines Sohnes ist wie der Geruch der Flur, die
ER, hochgelobt sei Sie, gesegnet hat.
(28) Die Gottheit gebe dir vom Tau des Himmels und von

der Fruchtbarkeit der Erde und im Überfluss Korn und Wein.
(29) Dienen werden dir Völker und Stämme sich dir beugen. Sei Gebieter deiner Brüder! Und beugen werden sich dir die Söhne deiner Mutter. Verflucht sei, wer dir flucht, aber gesegnet, wer dich segnet.«
(30) Es geschah, gerade als Jizchak vollendet hatte Jaakob zu segnen, genau in dem Augenblick, da Jaakob von seinem Vater Jizchak hinausging, da kam sein Bruder Esaw von der Jagd.
(31) Auch er bereitete ein schmackhaftes Gericht und brachte es seinem Vater und sprach zu seinem Vater: »Mein Vater möge aufstehn und essen vom Wildpret seines Sohnes, damit mich segne seine Seele.«
(32) Jizchak, sein Vater, sprach zu ihm: »Wer bist du?« Er sprach: »Ich bin dein Sohn, dein Erstgeborener. Ich bin Esaw.«
(33) Da begann Jizchak sehr stark zu zittern und sprach: »Wer war dann der, der Wild gejagt und mir es gebracht hat und ich aß von allem, bevor du gekommen bist, und habe ihn gesegnet – und gesegnet bleibt er auch.«
(34) Als Esaw die Worte seines Vaters hörte, schrie er sehr laut und sehr bitterlich und sprach zu seinem Vater: »Segne mich, auch mich, mein Vater.«
(35) Er aber sprach: »Dein Bruder ist gekommen im Betrug und hat deinen Segen genommen.«
(36) »Wurde er darum Jaakob (er betrügt) benannt, weil er mich zwei Mal betrogen hat? Mein Erstgeburtsrecht hat er genommen, und nun nahm er meinen Segen. Hast du für mich keinen Segen zurückgehalten?«
(37) Jizchak antwortete und sprach zu Esaw: »Siehe, zum Gebieter habe ich ihn über dich gesetzt. Und alle seine Brüder habe ich ihm zu Knechten gegeben und mit Korn und Wein habe ich ihn versorgt. Und nun zu dir, was kann ich für dich tun, mein Sohn?«

(38) Da sprach Esaw zu seinem Vater: »Ist dieser Segen der einzige, den du hast, mein Vater?« Und Esaw erhob seine Stimme und weinte.
(39) Da antwortete sein Vater Jizchak und sprach zu ihm: »So soll dein Wohnsitz sein: wo Fruchtbarkeit der Erde ist und der Tau vom Himmel herabkommt.
(40) Aber durch dein Schwert wirst du leben, und deinem Bruder wirst du dienen. Aber es wird geschehen, dass du dich befreist und das Joch auf deinem Nacken zerbrichst.«
(41) Da wurde Esaw auf Jaakob wütend wegen des Segens, mit dem ihn sein Vater gesegnet hatte. Und Esaw sprach zu seinem Herzen: »Die Tage der Trauer um meinen Vater sind nah herbeigekommen – und dann will ich meinen Bruder Jaakob töten.«
(42) Aber die Worte Esaws, ihres großen Sohns, wurden Rivkah berichtet, da schickte sie hin und rief Jaakob, ihren kleinen Sohn, herbei und sprach zu ihm: »Siehe, dein Bruder Esaw will sich dadurch trösten, indem er dich tötet.«
(43) Und nun mein Sohn, höre auf meine Stimme: »Steh auf und flieh zu Laban, meinem Bruder, nach Charan.
(44) Du sollst einige Zeit bei ihm bleiben, bis die Wut deines Bruders verraucht ist.
(45) Bis der Zorn deines Bruders sich gelegt hat und er vergessen hat, was du ihm angetan hast. Dann werde ich nach dir schicken und dich von dort holen. Warum soll ich auch euch beide an einem Tag verlieren?«
(46) Dann sprach Rivkah zu Jizchak: »Es widern mich an, bei meinem Leben, die Töchter der Hethiter. Wenn nun auch Jaakob eine Frau nähme von den Hethiterinnen, wie diese Töchter des Landes – warum lebe ich dann noch?!«

28 (1) Da rief Jizchak Jaakob und segnete ihn und gebot ihm und sprach: »Nimm dir keine Frau von den Töchtern Kanaans.
(2) Steh auf und geh nach Padan Aram in das Haus Betuels, des Vaters deiner Mutter, und nimm dir dort eine Frau von den Töchtern Labans, dem Bruder deiner Mutter.
(3) Und Gott, der Allernährer, segne dich und mache dich fruchtbar und zahlreich, und du sollst werden zu einer Volksversammlung.
(4) Und er gebe dir den Segen Abrahams, dir und deinen Nachkommen bei dir, damit du in Besitz nimmst das Land deiner Gastfreundschaft, das Gott Abraham gegeben hat.«
(5) Und Jizchak schickte Jaakob davon, und er ging nach Padan Aram zu Laban, dem Sohn Betuels des Aramäers, dem Bruder von Rivkah. Das ist die Mutter von Jaakob und Esaw.
(6) Als Esaw wahrnahm, dass Jizchak Jaakob gesegnet hatte und weggeschickt nach Padan Aram, um sich dort eine Frau zu nehmen, indem er ihn segnete und ihm gebot: »Nimm dir keine Frau von den Töchtern Kanaans«,
(7) und dass Jaakob auf seinen Vater und seine Mutter gehört hatte und nach Padan Aram gegangen war,
(8) da verstand Esaw, dass die Töchter Kanaans seinem Vater Jizchak missfielen.
(9) Da ging Esaw zu Jischmael und nahm Machalat, die Tochter Jischmaels, des Sohnes Abrahams, die Schwester Nebajots, außer seinen Frauen, sich zur Frau.
(10) Und Jaakob zog aus von Beerscheva und ging nach Charan.
(11) Und er kam an den Ort und wollte da übernachten, denn die Sonne war untergegangen. Er nahm einen von den Steinen des Ortes und legte ihn an seinen Kopf und legte sich nieder an jenem Ort.
(12) Da hatte er einen Traum: Sieh da, ein Stufenturm

stand auf der Erde, und seine Spitze berührte den Himmel, und sieh da: Die Engel Gottes gingen auf ihm hinauf und herab.
(13) Sieh da! ER, hochgelobt sei Sie, stand obenauf und sprach: »Ich bin ER, hochgelobt sei Sie, der Gott Abrahams, deines Ahnen und der Gott Jizchaks. Das Land, auf dem du liegst, will ich gewiss dir und deinen Nachkommen geben.
(14) Und deine Nachkommen werden sein wie der Staub der Erde. Und du wirst dich ausbreiten meerwärts und nach Osten, nach Norden und zum Negev hin. Und in dir werden Segen empfangen alle Geschlechter des Ackerbodens und durch deine Nachkommen auch.
(15) Und sieh: Ich bin mit dir und werde dich behüten überall, wo du hingehst und werde dich zurückbringen zu diesem Ackerland, denn ich verlasse dich nicht, bis ich alles getan habe, was ich dir versprochen habe.«
(16) Da erwachte Jaakob aus seinem Schlaf und sprach: »Wahrhaftig, ER, hochgelobt sei Sie, ist an diesem Ort! Aber ich hab's nicht gewusst.«
(17) Da hatte er Ehrfurcht und sprach: »Wie ehrfürchtig ist dieser Ort. Hier ist nichts anderes als das ›Haus Gottes‹, und dies ist das ›Tor des Himmels‹.«
(18) Und Jaakob stand früh am Morgen auf und nahm den Stein, den er sich zu Häupten gelegt hatte und richtete ihn als Mazzebe auf und goss Öl auf ihre Spitze.
(19) Er nannte den Namen jenes Ortes Bethel, in früheren Zeiten jedoch hieß der Ort Lus.
(20) Da legte Jaakob ein Gelübde ab und sprach: »Wenn Gott mit mir sein wird und mich behüten wird auf diesem Weg, den ich gehe, und mir Brot gibt zu essen und Kleidung zum Anziehen
(21) und mich im Frieden in das Haus meines Vaters zurückbringt, dann soll ER, hochgelobt sei Sie, mein Gott sein.

(22) Und dieser Stein, den ich als Mazzebe aufgerichtet habe, soll zum ›Haus Gottes‹ werden. Und von allem, was du gibst, will ich dir den Zehnten geben.«

29

(1) Jaakob aber sprang davon und ging in das Land der Söhne des Ostens.

(2) Er sah, da war ein Brunnen auf dem Felde und da waren drei Ziegenherden um ihn gelagert, denn aus jenem Brunnen werden die Herden getränkt. Aber der Stein auf dem Brunnenloch war groß.

(3) Erst wenn dort alle Herden versammelt waren, wälzten sie den Stein vom Brunnenloch und tränkten die Ziegen. Danach brachten sie den Stein an seine Stelle über dem Brunnenloch zurück.

(4) Jaakob sprach zu ihnen: »Meine Brüder, woher kommt ihr?« Sie antworteten: »Aus Charan sind wir.«

(5) Da fragte er sie: »Kennt ihr Laban, den Sohn Nachors?« »Den kennen wir.«

(6) Er sprach zu ihnen: »Geht's ihm gut?« »Ja, gut«, sprachen sie. »Aber da, sieh doch, kommt seine Tochter Rachel mit der Ziegenherde.«

(7) Er sprach: »Da, noch ist der Tag lang, es ist keine Zeit, das Vieh einzutreiben. Tränkt die Ziegen, geht und weidet.«

(8) »Wir können nicht, bis nicht alle Herden versammelt sind, dann erst wälzen wir den Stein vom Brunnenloch und tränken die Ziegen.«

(9) Als er noch mit ihnen redete, kam Rachel mit den Ziegen ihres Vaters, denn sie war eine Hirtin.

(10) Und es geschah, als Jaakob Rachel sah, die Tochter Labans, des Bruders seiner Mutter, und die Ziegen Labans, des Bruders seiner Mutter, da trat Jaakob heran, wälzte den Stein vom Brunnenloch und tränkte die Ziegen Labans, des Bruders seiner Mutter.

(11) Dann küsste Jaakob Rachel, erhob seine Stimme und weinte.
(12) Jaakob erzählte Rachel, dass er ein Verwandter ihres Vaters ist, denn er ist ein Sohn von Rivkah. Da lief Rachel davon und erzählte es ihrem Vater.
(13) Als nun Laban die Nachricht von Jaakob, dem Sohn seiner Schwester, hörte, lief er ihm entgegen, umarmte und küsste ihn und brachte ihn in sein Haus. Da erzählte ihm Jaakob seine ganze Geschichte.
(14) Da sprach Laban zu ihm: »Wahrlich, du gehörst zu unserem Geschlecht.« Da blieb Jaakob bei ihm einen Monat lang.
(15) Dann sprach Laban zu Jaakob: »Solltest du mir umsonst dienen, nur weil du mein Verwandter bist? Nenn mir doch deinen Lohn.«
(16) Laban aber hatte zwei Töchter, die ältere hieß Leah, die jüngere Rachel.
(17) Leah hatte sanfte Augen, Rachel aber war schön von Gestalt und schön vom Aussehen.
(18) Jaakob liebte Rachel und sprach daher: »Ich will dir dienen sieben Jahre um Rachel, deine jüngere Tochter.«
(19) Laban sagte darauf: »Besser ich gebe sie dir als einem anderen Mann. Bleibe bei mir.«
(20) So diente Jaakob um Rachel sieben Jahre. Aber in seinen Augen waren es nur einige Tage, denn er liebte sie.
(21) Da sprach Jaakob zu Laban: »Gib mir meine Frau, denn meine Zeit ist erfüllt, und ich will wohl zu ihr kommen.«
(22) Da versammelte Laban alle Männer des Ortes und richtete ein Gastmahl aus.
(23) Und es geschah am Abend, da nahm er Leah, seine Tochter und brachte sie ihm. Und er kam zu ihr.
(24) Laban gab seine Magd Silpah seiner Tochter Leah zur Magd.

(25) Es geschah am Morgen. Und da – es war Leah! Da sprach er zu Laban: »Was hast du mir angetan! Habe ich dir nicht um Rachel gedient? Warum hast du mich betrogen?«
(26) »So wird es nicht gemacht an unserem Ort, die Jüngere wird nicht vergeben vor der Erstgeborenen.
(27) Erfülle eine Woche mit dieser, dann wollen wir dir auch diese geben für den Dienst, den du bei mir verrichten sollst weitere sieben Jahre.«
(28) Und Jaakob tat es so und erfüllte eine Woche mit dieser, dann gab er ihm seine Tochter Rachel zur Frau.
(29) Auch gab Laban seiner Tochter Rachel seine Magd Bilhah zur Magd.
(30) Da ging er endlich auch zu Rachel. Und er liebte Rachel mehr als Leah und diente ihm noch weitere sieben Jahre.
(31) Als ER, hochgelobt sei Sie, erkannte, dass Leah ungeliebt war, öffnete er ihren Mutterleib, aber Rachel verschloss er.
(32) Da ward Leah schwanger und gebar einen Sohn, und sie gab ihm den Namen Ruben, denn sie sprach: »Denn ER, hochgelobt sei Sie, hat mein Elend erkannt, und nun wird mich mein Mann lieben.«
(33) Sie ward wiederum schwanger und gebar einen Sohn und sprach: »Weil ER, hochgelobt sei Sie, gehört hat, dass ich ungeliebt bin, hat er mir auch diesen gegeben.« Sie nannte ihn Schimon.
(34) Nochmals ward sie schwanger und gebar einen Sohn. Da sprach sie: »Nun, diesmal wird sich mein Mann mir zuwenden, denn ich habe ihm drei Söhne geboren.« Darum nannte sie ihn Levi.
(35) Wiederum ward sie schwanger und gebar einen Sohn und sprach: »Dieses Mal will ich IHN, hochgelobt sei Sie, loben.« Darum nannte sie ihn Jehuda. Danach hörte sie auf zu gebären.

30

(1) Als Rachel erkannte, dass sie von Jaakob nicht gebar, wurde sie eifersüchtig auf ihre Schwester und sprach zu Jaakob: »Mach mir Söhne, sonst sterbe ich.«

(2) Da wurde Jaakob zornig auf Rachel und sprach: »Bin ich an Gottes statt!? Der verweigert dir Kinder!«

(3) Da sprach sie: »Hier ist meine Magd Bilhah, geh zu ihr! Und sie soll auf meinen Knien gebären, damit ich einen Sohn bekomme, auch ich, durch sie.«

(4) Da gab sie ihm ihre Magd Bilhah zur Frau, und Jaakob kam zu ihr.

(5) Und Bilhah wurde schwanger und gebar für Jaakob einen Sohn.

(6) Da sagte Rachel: »Gott hat mir Recht gegeben und auch mich erhört und mir einen Sohn gegeben.« Darum gab sie ihm den Namen Dan.

(7) Bilhah, die Magd Rachels, ward nochmals schwanger und gebar Jaakob einen zweiten Sohn.

(8) Diesmal sagte Rachel: »Gewaltige Kämpfe habe ich mit meiner Schwester ausgekämpft und sogar gewonnen.« Und sie nannte ihn Naftali.

(9) Als nun Leah erkannte, dass sie nicht mehr gebar, nahm sie ihre Magd Silpah und gab sie Jaakob zur Frau.

(10) Und Silpah, die Magd Leahs, gebar für Jaakob einen Sohn.

(11) Da sprach Leah: »Welch Glück« und nannte ihn Gad.

(12) Aber Silpah, die Magd Leahs, gebar Jaakob einen zweiten Sohn.

(13) Da sagte Leah: »Bei meiner Seligkeit! Denn selig preisen werden mich Töchter.« Und sie nannte ihn Ascher.

(14) In den Tagen der Weizenernte ging Ruben spazieren, und er fand Alraunen auf dem Feld, und er brachte sie seiner Mutter Leah. Da sprach Rachel zu Leah: »Gib mir doch von den Alraunen deines Sohnes.«

(15) Sie aber sagte zu ihr: »Ist es dir nicht genug, dass du

meinen Mann genommen hast? Willst du auch noch die Alraunen meines Sohnes nehmen?«
(16) Als Jaakob vom Felde kam am Abend, zog Leah ihm entgegen und sprach: »Zu mir musst du kommen, denn ich habe dich erworben, gewiss, für die Alraunen meines Sohnes.« Da lag er bei ihr in jener Nacht.
(17) Gott erhörte Leah, und sie wurde schwanger und schenkte Jaakob einen fünften Sohn.
(18) Leah aber sprach: »Gott hat mich dafür belohnt, dass ich meine Magd meinem Mann gegeben habe.« Und sie nannte ihn Issachar.
(19) Leah wurde abermals schwanger und schenkte Jaakob einen sechsten Sohn.
(20) Da jubelte Leah: »Gott hat mich sehr reichlich beschenkt, dieses Mal wird mein Mann mich ehren, denn ich habe ihm sechs Söhne geboren.« Da nannte sie diesen Sebulon.
(21) Danach brachte sie eine Tochter zur Welt und gab ihr den Namen Dinah.
(22) Da gedachte Gott an Rachel, hörte auf sie und öffnete ihren Mutterleib.
(23) Sie ward schwanger und gebar einen Sohn. Da sprach sie: »Gott hat meine Schmach aufgehoben.«
(24) Sie rief seinen Namen Joseph aus: »ER, hochgelobt sei Sie, hat mir noch einen Sohn hinzugegeben.«
(25) Nachdem Rachel Joseph geboren hatte, sprach Jaakob zu Laban: »Lass mich ziehen, ich will gehen zu meinem Ort in meinem Land.
(26) Gib mir meine Frauen und meine Kinder, um die ich dir gedient habe. Du kennst meine Arbeit, die ich für dich getan habe.«
(27) Da sprach Laban zu ihm: »Möge ich doch Gunst in deinen Augen finden. Ich habe es als gutes Zeichen gedeutet, dass ER, hochgelobt sei Sie, mich deinetwegen gesegnet hat.«

(28) Darum sagte er: »Lege deinen Lohn fest bei mir, ich will ihn dir geben.«
(29) Darauf antwortete Jaakob: »Du weißt, wie ich für dich gearbeitet habe und was aus deiner Viehherde bei mir geworden ist.
(30) Denn dein Besitz war sehr gering, bevor ich kam, und ist überaus groß geworden. Und ER, hochgelobt sei Sie, hat dich gesegnet bei meinem Kommen. Nun aber: Wann soll ich etwas für mein Haus tun?«
(31) Er sprach: »Was soll ich dir geben?« Jaakob sagte aber: »Du sollst mir gar nichts geben, nur erfülle mir diesen Wunsch: Ich will wiederum deine Kleinviehherden weiden und behüten.
(32) Und zwar so: Noch heute gehe ich durch alle Herden – und es sollen beiseite geschaffen werden jedes gepunktete und gefleckte Ziegenjunge und alle schwarzen Lämmer von den Schafen und die gefleckten und gepunkteten Ziegen. Und das soll mein Lohn sein.
(33) Am morgigen Tag wird sich meine Redlichkeit erweisen. Wenn du kommst, mir meinen Lohn zu geben. Alles, was nicht gepunktet und gefleckt ist von den Ziegen und schwarz bei den Schafen – gestohlen wäre es von mir.«
(34) Da sprach Laban: »Wohl, es sei nach deinen Worten.«
(35) An jenem Tage entfernte Laban die gestreiften und gefleckten Böcke und alle gepunkteten und gefleckten Ziegen; alle, an denen Weißes war, und alle Schafe, die schwarz waren, und gab sie in Verantwortung seiner Söhne.
(36) Und er legte einen Weg von drei Tagreisen zwischen sich und Jaakob. Aber Jaakob weidete die übrig gebliebene Herde Labans.
(37) Nun nahm Jaakob zu sich frische Zweige von der Weißpappel, vom Mandelbaum und von der Platane, und er schälte an ihnen weiße Streifen heraus, so dass das Weiße der Zweige entblößt und sichtbar war.

(38) Er stellte die Zweige, die er geschält hatte, in die Tröge der Wassertränken, wohin die Herde kam, um zu trinken, genau vor die Herde. Sie waren aber brünstig, als sie zum Trinken kamen.
(39) Da die Tiere vor den Zweigen brünstig waren, da gebaren sie gestreifte, gepunktete und gefleckte Tiere.
(40) Die Lämmer aber schied Jaakob aus und setzte vor die Herde die gestreiften und alle schwarzen von der Herde Labans.
(41) Nun wurde es so: Immer wenn die kräftigen Tiere brünstig waren, legte Jaakob die Zweige vor die Augen der Tiere in die Tröge, damit sie sich bei den Zweigen besprangen.
(42) Bei den schwachen Tieren aber tat er's nicht. So kam es, dass die schwachen Labans waren und die kräftigen zu Jaakob kamen.
(43) Der Mann Jaakob breitete sich mehr und mehr aus. Ihm gehörten viele Herden und Mägde und Knechte und Kamele und Esel.

31

(1) Da hörte Jaakob die Reden der Söhne Labans so: Jaakob hat alles genommen, was unseres Vaters eigen war, und von dem, was unserem Vater gehörte, hat er diesen Reichtum erworben.
(2) Jaakob schaute Labans Gesicht an und erkannte: Er war nicht mehr mit ihm wie gestern und ehegestern.
(3) Da sprach ER, hochgelobt sei Sie, zu Jaakob: »Kehre zurück in das Land deiner Väter und deiner Geburt, und ich will mit dir sein.«
(4) Da sandte Jaakob zu Rachel und Leah und rief sie auf das Feld seiner Herden
(5) und sprach zu ihnen: »Am Gesicht eures Vaters sehe

ich, dass er zu mir nicht ist wie gestern und ehegestern, aber der Gott meines Vaters ist mit mir.
(6) Ihr aber wisst es doch, dass ich eurem Vater mit meiner ganzen Kraft gedient habe.
(7) Aber euer Vater hat mich betrogen und meinen Lohn zehnmal geändert. Aber Gott hat ihm nicht erlaubt, mir Schaden zuzufügen.
(8) Wenn er so sprach: ›Gepunktete sollen dein Lohn sein‹, dann brachte die ganze Herde Gepunktete zur Welt, sprach er aber so: ›Gestreifte sollen dein Lohn sein‹, dann brachte die ganze Herde gestreifte Tiere zur Welt.
(9) Gott nahm den Besitz eures Vaters weg und gab ihn mir.
(10) Es geschah zu der Zeit, als die Herde brünstig war, ich hob meine Augen auf und sah im Traum – siehe die Böcke, die besprangen die Ziegen und Schafe, waren gestreift, gepunktet und scheckig.
(11) Der Engel der Gottheit sprach zu mir im Traum ›Jaakob‹, und ich sprach ›Hier bin ich.‹
(12) ›Hebe deine Augen und sieh: Alle Böcke, die die Herde bespringen, sind gestreift, gepunktet und scheckig, denn ich habe alles gesehen, was Laban dir angetan hat.
(13) Ich bin der Gott von Bethel, wo du eine Mazzebe aufgerichtet hast und mir dort einen Eid geschworen. Nun aber steh auf und zieh aus diesem Land und kehre zurück in das Land deiner Geburt.‹«
(14) Da antworteten Rachel und Leah und sprachen zu ihm: »Haben wir noch einen Anteil und Erbe im Haus unseres Vaters?
(15) Werden wir nicht als Fremde von ihm geachtet? Auch hat er aufgebraucht unser Silbergeld.
(16) So gehört aller Reichtum, den Gott unserem Vater genommen hat, uns und unseren Söhnen. Und nun, alles, was Gott zu dir gesagt hat, tu.«

(17) Da machte sich Jaakob auf und setzte seine Söhne
und seine Frauen auf die Kamele.
(18) Und Jaakob führte davon seine ganze Herde und all
seinen Besitz, den er erworben, die Herde, sein Eigen-
tum, das er erworben in Padan Aram, um zu Jizchak, seinem Vater zu kommen, in das Land Kanaan.
(19) Laban aber war gegangen, um seine Herde zu scheren. Rachel aber stahl die Teraphim, die ihrem Vater
gehörten.
(20) Jaakob aber täuschte das Herz Labans, des Aramäers,
dadurch, dass er ihm nichts mitteilte, denn er wollte fliehen.
(21) Und er floh und all das Seine, er machte sich auf und
überquerte den Euphrat und richtete sein Angesicht auf
das Gebirge Gilead.
(22) Aber am dritten Tage wurde Laban berichtet, dass
Jaakob geflohen war.
(23) Da nahm er seine Leute mit sich und verfolgte ihn
sieben Tage lang, dann erreichte er ihn beim Gebirge
Gilead.
(24) Aber Gott kam zu Laban, dem Aramäer, im Traum
der Nacht und sprach zu ihm: »Hüte dich, rede nicht zu
Jaakob Ungutes und Böses.«
(25) Da traf Laban auf Jaakob. Jaakob aber hatte sein Zelt
im Gebirge Gilead aufgeschlagen, da schlug auch Laban
mit seinen Leuten sein Zelt auf.
(26) Laban sprach zu Jaakob: »Was hast du getan und
mein Herz bestohlen und meine Töchter entführt wie
durch das Schwert Gefangene.
(27) Warum bist du heimlich geflohen und hast mich bestohlen? Und mir nichts mitgeteilt? Ich hätte dich ziehen
lassen in Freude und mit Gesang und mit Pauken und
Harfen.
(28) Und hast mir nicht vergönnt, meine Enkel und Töchter zu küssen?! Nun, du hast töricht gehandelt.

(29) Es ist in meiner Macht, euch Böses anzutun. Aber der Gott eures Vaters sprach zu mir gestern so: ›Hüte dich, rede nicht zu Jaakob Ungutes und Böses.‹
(30) Nun, du bist gewiss gegangen, weil du große Sehnsucht hattest zum Haus deines Vaters. Aber warum hast du meine Götterfiguren gestohlen?«
(31) Da antwortete Jaakob und sprach zu Laban: »Ja, ich fürchtete mich und dachte, du würdest mir deine Töchter entreißen.
(32) Bei wem du aber deine Götterfiguren findest, der soll nicht weiterleben. In Gegenwart unserer Verwandten suche das Deine aus und nimm es dir.« Jaakob aber wusste nicht, dass Rachel sie gestohlen hatte.
(33) Da ging Laban in das Zelt Jaakobs, in das Zelt Leahs und in das Zelt der beiden Mägde und fand nichts. Er kam aus dem Zelt Leahs und ging in das Zelt Rachels.
(34) Rachel aber hatte die Teraphim genommen und sie in die Satteltasche des Kamels gesteckt und sich darauf gesetzt. Laban aber durchwühlte das ganze Zelt – und fand nichts.
(35) Da sprach Rachel zu ihrem Vater: »Erzürne nicht, denn ich vermag nicht vor dir aufzustehen, denn ich habe ›meine Tage‹.« Aber die Teraphim fand er nicht. Er durchsuchte alles und fand nicht die Teraphim.
(36) Da erzürnte Jaakob und beschwerte sich bei Laban und sprach: »Was ist mein Verbrechen, und was ist meine Schuld, dass du mir nachjagst?
(37) Du hast meine Gerätschaft durchwühlt, was hast du von deinem Hausgerät gefunden? Leg es hierher, vor meine und deine Verwandten, und sie sollen zwischen uns beiden für das Recht eintreten.
(38) Zwanzig Jahre bin ich schon bei dir, deine Schafe und deine Ziegen haben nie fehlgeboren, und die Widder deiner Herde habe ich nicht gegessen.

(39) Ein gerissenes Tier hab ich dir nie gebracht, denn ich hab es ersetzt, und du aber hast von mir gefordert, was des Tags oder des Nachts gestohlen wurde.
(40) So erging es mir: Am Tage verzehrte mich die Dürre und die Kälte des Nachts, und mein Schlaf entfloh meinen Augen.
(41) Zwanzig Jahre war ich nun in deinem Haus, ich habe vierzehn Jahre um deine beiden Töchter gedient und sechs Jahre bei deiner Herde. Aber du hast meinen Lohn zehnmal geändert.
(42) Wenn nicht der Gott meines Vaters, der Gott Abrahams und die Freude Jizchaks für mich gewesen wäre, leer hättest du mich ziehen lassen. Aber Gott hat mein Elend und die Mühe meiner Hände erschaut und mir gestern Recht verschafft.«
(43) Da antwortete Laban und sprach zu Jaakob: »Die Töchter sind meine Töchter, die Enkel sind meine Enkel, das Vieh ist mein Vieh, und alles, was du siehst, gehört mir. Aber was kann ich für meine Töchter heute tun und für ihre Söhne, die sie geboren haben?
(44) Nun denn, komm her und lass uns einen Bund schließen, ich und du. Und es soll ein Zeuge sein zwischen mir und dir.«
(45) Da nahm Jaakob einen Stein und richtete ihn als Mazzebe auf.
(46) Und Jaakob sprach zu seinen Verwandten: »Sammelt Steine!« Sie nahmen die Steine und machten einen Steinhaufen. Dann aßen sie dort auf dem Steinhaufen.
(47) Laban nannte den Haufen »Jegar Sahaduta«, Jaakob aber nannte ihn »Galed«.
(48) Laban sprach: »Dieser Steinhaufen sei Zeuge zwischen mir und dir, heute – darum soll sein Name Galed sein.
(49) Aber auch Mizpah, denn er sagte: ›ER, hochgelobt sei Sie, wacht über mich und dich, wenn wir voreinander verborgen sind.

(50) Solltest du meine Töchter erniedrigen oder noch Frauen nehmen zu meinen Töchtern... Wenn auch keiner mit uns ist, siehe, Gott ist Zeuge zwischen mir und dir.«
(51) Da sprach Laban zu Jaakob: »Da, dieser Steinhaufen und die Mazzebe, die ich errichtet habe zwischen mir und dir,
(52) Zeuge sei dieser Haufen und Zeugin die Mazzebe. Weder ich zu dir noch du zu mir überschreiten diesen Haufen und die Mazzebe zum Bösen!
(53) Der Gott Abrahams und der Gott Nachors richte zwischen uns, der Gott ihres Vaters.« Aber Jaakob schwor bei der Freude seines Vaters Jizchak.
(54) Jaakob aber brachte auf dem Berg ein Opfer dar und rief seine Verwandten herbei, um das Brot zu essen. Sie aßen das Brot und übernachteten auf dem Berg.

32

(1) Früh am Morgen machte sich Laban auf, küsste seine Enkel und seine Töchter und segnete sie. Laban ging davon und kehrte nach Hause zurück.
(2) Auch Jaakob ging seines Weges. Da begegneten ihm die Engel Gottes.
(3) Jaakob sprach, als er sie sah: »Ein Lager Gottes ist dies.« Und er nannte den Ort Machanajim.
(4) Dann sandte Jaakob Boten vor sich her zu Esaw, seinem Bruder in das Land Seïr, in die Flur Edoms.
(5) Er befahl ihnen Folgendes: »So sollt ihr sprechen zu meinem Herren, zu Esaw: ›So spricht dein Knecht Jaakob: Bei Laban bin ich Gast gewesen und habe mich bisher aufgehalten.
(6) Ich habe mir erworben Rinder und Esel und Kleinvieh, auch Knechte und Mägde. Nun habe ich gesandt,

dies meinem Herren zu berichten, um Gnade zu finden in deinen Augen.‹«
(7) Die Boten kehrten zu Jaakob zurück und sprachen: »Wir sind zu deinem Bruder Esaw gekommen, auch kommt er dir entgegen, bei ihm sind vierhundert Mann.«
(8) Da fürchtete sich Jaakob sehr und geriet in Sorge. Er teilte die Leute, die bei ihm waren, auf, auch das Kleinvieh, die Rinder und die Kamele in zwei Gruppen,
(9) denn er dachte: Wenn Esaw zu der einen Gruppe kommt und sie schlägt, dann wird die andere Gruppe gerettet.
(10) Und Jaakob sprach: »Gott meines Vaters Abraham und Gott meines Vaters Jizchak, DU, der du zu mir gesprochen hast: ›Kehre zurück in dein Land und in deinen Geburtsort, und ich will dir Gutes antun.‹
(11) Ich bin zu gering für alle Liebeserweise und alle Treue, die du deinem Knecht angetan hast, denn nur mit meinem Stab habe ich den Jordan überquert und bin in zwei Gruppen geteilt.
(12) Rette mich doch aus der Hand meines Bruders Esaw! Denn ich fürchte ihn; dass er nicht kommt und schlägt mich, Mutter und Söhne.
(13) Du aber hast gesagt: ›Gutes wahrlich will ich dir antun, und deine Nachkommen will ich so zahlreich machen wie den Sand am Meer, den man nicht zählen kann.‹«
(14) Und er übernachtete dort in jener Nacht. Dann nahm er von dem, was er mitgebracht hatte, ein Geschenk für seinen Bruder Esaw.
(15) Zweihundert Ziegen und zwanzig Böcke, zweihundert Mutterschafe und zwanzig Widder,
(16) dreißig säugende Kamele mit ihren Füllen, vierzig Kühe und zehn Stiere, zwanzig Eselinnen und zehn junge Esel.

(17) Er gab Herde für Herde in die Hand seiner Knechte und sprach zu ihnen: »Zieht vor mir her und lasst einen Abstand zwischen den Herden.«
(18) Und er befahl dem ersten Folgendes: »Wenn mein Bruder Esaw auf dich trifft und dich fragt: ›Zu wem gehörst du, und wohin gehst du, und wem gehört die Herde vor dir?‹
(19) Dann sollst du sagen: ›Deinem Knecht Jaakob, ein Geschenk ist es, gesandt meinem Herrn Esaw, und es ist so: Er kommt hinter uns her.‹«
(20) So befahl er auch dem zweiten und dem dritten und allen, die hinter den Herden hergehen: »So sollt ihr zu Esaw reden, wenn ihr ihn trefft.
(21) Und ihr sollt sagen: ›Auch dein Knecht Jaakob kommt hinter uns.‹« Denn er dachte: Ich will sein Angesicht besänftigen durch das Geschenk, was vor mir hergeht, und danach will ich sein Angesicht sehen. Vielleicht hebt er mein Gesicht auf.
(22) So zog das Geschenk vor ihm her. Er aber übernachtete in jener Nacht im Lager.
(23) In jener Nacht aber stand er auf und nahm seine zwei Frauen und seine zwei Mägde und seine elf Kinder und überquerte die Furt am Jabbok.
(24) Er nahm sie und führte sie über den Bach und brachte hinüber alles, was ihm gehörte.
(25) Dann aber blieb Jaakob allein zurück. Da rang ein Mann mit ihm bis zum Morgengrauen.
(26) Als er erkannte, dass er ihn nicht besiegen konnte, schlug er auf seine Hüftpfanne, da verrenkte sich die Hüftpfanne Jaakobs, als er mit ihm rang.
(27) Er aber sprach: »Lass mich gehen, denn die Finsternis weicht.« Er aber sagte: »Ich lasse dich nicht gehen, bevor du mich nicht segnest!«
(28) Er sprach zu ihm: »Wie heißt du?« Er antwortete: »Jaakob.«

(29) Da sagte er: »Jaakob soll dein Name nicht mehr heißen, sondern Jisrael. Denn du hast mit Gott und Männern gestritten, und du hast gesiegt.«
(30) Da fragte Jaakob und sprach: »Erzähle mir doch von deinem Namen!« Er sagte: »Warum fragst du nach meinem Namen?« Und er segnete ihn dort.
(31) Da nannte Jaakob den Ort Penuel. »Denn ich habe Gott gesehen von Angesicht zu Angesicht, und doch ist mein Leben gerettet worden.«
(32) Da ging ihm die Sonne auf, gerade als er an Penuel vorüberzog. Er aber hinkte an seiner Hüfte.
(33) Darum essen die Kinder Jisraels die Spannader über der Hüftpfanne nicht, denn er hat auf die Hüftpfanne Jaakobs geschlagen, auf den Ischiasnerv.

33

(1) Jaakob hob seine Augen auf und er sah: Da, Esaw kam und mit ihm vierhundert Mann. Da teilte er die Kinder auf Leah, Rachel und die beiden Mägde auf.
(2) Er stellte die Mägde und ihre Kinder voran, danach Leah und ihre Kinder und zum Schluss Rachel und Joseph.
(3) Aber er zog vor ihnen her und neigte sich tief zur Erde, siebenmal, bis er zu seinem Bruder kam.
(4) Esaw aber lief ihm entgegen, umarmte ihn und fiel ihm um den Hals und küsste ihn, und sie weinten.
(5) Esaw hob seine Augen auf und sah auf die Frauen und ihre Kinder und sprach: »Wie gehören diese zu dir?« Er antwortete: »Die Kinder hat Gott gnädig deinem Knecht geschenkt.«
(6) Da traten die Mägde heran, sie und ihre Kinder, und sie verneigten sich.
(7) Da trat auch Leah heran mit ihren Kindern und sie

verneigten sich, danach traten auch Joseph und Rachel heran und verneigten sich.
(8) Da fragte Esaw: »Wozu hast du dieses Lager, auf das ich gestoßen bin?« »Um Gnade zu finden in den Augen meines Herrn.«
(9) Da sprach Esaw: »Ich habe genug, mein Bruder. Was dir gehört, bleibe dein.«
(10) Jaakob sprach: »Nicht doch! Wenn ich Gnade gefunden habe in deinen Augen, dann nimm doch mein Geschenk aus meiner Hand. Darum, weil ich dein Angesicht gesehen habe, wie man Gottes Angesicht schaut. Und du hast mich in Liebe angenommen.
(11) Nimm doch meinen Segen, der dir überbracht wurde, denn Gott hat mich gnädig bedacht, und ich habe alles.« Und er bedrängte ihn – und er nahm's an
(12) und sprach: »Lass uns aufbrechen und weiterziehen! Und ich will neben dir hergehen.«
(13) Jaakob aber sagte zu ihm: »Mein Herr weiß, dass die Kinder zart sind, und außerdem muss ich mich um die Schafe und Rinder, die säugen, kümmern. Wenn man sie nur einen Tag zu schnell antriebe, würden die Schafe sterben.
(14) Mein Herr, ziehe doch seinem Knecht voraus, ich aber folge gemächlich nach, dem Schrittmaß des Viehs vor mir und dem Schrittmaß der Kinder gemäß, bis ich zu meinem Herrn nach Seïr komme.«
(15) Da sagte Esaw: »Dann will ich aber etliche von meinen Männern bei dir lassen!« Er sagte: »Wozu? Möge ich nur Gnade finden in den Augen meines Herrn.«
(16) An jenem Tag kehrte Esaw auf seinem Weg zurück nach Seïr.
(17) Jaakob aber zog nach Sukkot und baute sich ein Haus, und für seine Herde machte er Hütten. Darum nannte man den Namen des Ortes Sukkot.
(18) So gelangte Jaakob wohlbehalten, im Frieden, zu der

Stadt Sichem, die im Lande Kanaan ist, bei seiner Heimkunft von Padan Aram und schlug sein Lager vor der Stadt auf.
(19) Er kaufte ein Stück Feldes, wo er sein Zelt aufschlug, von den Söhnen Chamors, des Vaters von Sichem, für hundert Kesitah.
(20) Dann stellte er dort einen Altar auf und nannte ihn »Die Macht gehört dem Gott Jisraels«.

34

(1) Aber Dinah, die Tochter Leahs, die sie Jaakob geboren hatte, ging aus um sich unter den Töchtern des Landes umzusehen.
(2) Da sah sie Sichem, den Sohn Chamors, des Chiwwiters, des Landesfürsten, und er nahm sie und schlief mit ihr und vergewaltigte sie.
(3) Aber seine Seele hing an Dinah, der Tochter Jaakobs, und er liebte die junge Frau und redete zu ihrem Herzen.
(4) Da sprach Sichem zu seinem Vater Chamor: »Nimm mir dieses Mädchen zur Frau!«
(5) Aber Jaakob hörte, dass er seine Tochter Dinah geschändet hatte, aber seine Söhne waren bei seiner Herde auf dem Felde, und er schwieg bis zu ihrem Kommen.
(6) Aber Chamor, der Vater Sichems, ging heraus zu Jaakob, um mit ihm zu reden.
(7) Aber die Söhne Jaakobs kamen vom Felde, als sie dies hörten, und sie waren gekränkt und sehr zornig, denn eine Schandtat hatte er Jisrael angetan, indem er mit der Tochter Jaakobs geschlafen hatte – aber so handelt man nicht.
(8) Aber Chamor redete mit ihnen so: »Sichem ist mein Sohn, seine Seele sehnt sich nach eurer Tochter. Gebt sie ihm doch zur Frau
(9) und verschwägert euch uns, eure Töchter gebt uns und nehmt euch unsere Töchter.

(10) Und bei uns könnt ihr wohnen. Das Land liegt vor euch. Wohnt und zieht umher darin und nehmt es in Besitz.«

(11) Da sprach Sichem zu ihrem Vater und zu ihren Brüdern: »Lasst mich Gnade finden in euren Augen, und was ihr von mir verlangt, will ich geben.

(12) Fordert von mir einen sehr hohen Brautpreis und Brautgabe. Ich will geben, was ihr mir sagt. Aber gebt mir die ›Jünglingin‹ zur Frau!«

(13) Aber die Söhne Jaakobs antworteten Sichem und Chamor seinem Vater, mit Täuschung redeten sie, weil er geschändet hatte Dinah, ihre Schwester.

(14) Und so sprachen sie zu ihnen: »Das können wir nicht tun, unsere Schwester einem Mann geben, der eine Vorhaut hat, das wäre eine Schande für uns.

(15) Aber unter einer Bedingung könnten wir euch nachgeben: Wenn ihr werdet wie wir! Lasst bei euch alles Männliche beschneiden.

(16) Dann geben wir euch unsere Töchter und nehmen uns eure Töchter, und wir wollen bei euch wohnen, und wir werden zu einem Volk.

(17) Wenn ihr aber nicht auf uns hört und euch nicht beschneiden lasst, dann nehmen wir unsere Tochter und gehen.«

(18) Ihre Rede gefiel Chamor und fand auch Gefallen in den Augen seines Sohnes Sichem.

(19) Und der Jüngling zögerte nicht, diese Sache zu tun, denn er begehrte die Tochter Jaakobs. Und er wurde von dem ganzen Haus seines Vaters geehrt.

(20) Und Chamor und sein Sohn Sichem kamen in das Tor ihrer Stadt und sprachen zu den Männern ihrer Stadt also:

(21) »Diese Männer sind uns friedlich gesinnt, und sie wollen im Lande wohnen und darin umherziehen. Und das Land, da, es ist offen und weit vor ihnen. Ihre Töch-

ter werden wir uns zu Frauen nehmen, und unsere Töchter werden wir ihnen geben.
(22) Aber nur unter einer Bedingung wollen die Männer uns zu Willen sein, bei uns wohnen und zu einem Volk werden, wenn wir bei uns alles Männliche beschneiden lassen, so wie sie Beschnittene sind.
(23) Ihre Herden, ihr Besitz und ihr ganzes Vieh, wird es nicht auch uns gehören?! Lasst uns ihnen zu Willen sein, dass sie bei uns wohnen.«
(24) Alle, die durch das Tor seiner Stadt aus und ein gingen, hörten auf Chamor und seinen Sohn Sichem – und alles Männliche wurde beschnitten.
(25) Aber es geschah am dritten Tag, als sie in Schmerzen waren, da nahmen zwei Söhne Jaakobs, Schimon und Levi, die Brüder Dinahs, ihr Schwert und kamen unbehelligt in die Stadt und töteten alles Männliche.
(26) Auch Chamor und seinen Sohn Sichem töteten sie mit dem Schwert. Dann nahmen sie Dinah aus dem Haus Sichems und zogen davon.
(27) Aber die Söhne Jaakobs fielen über die Erschlagenen her und plünderten die Stadt, da sie ihre Schwester geschändet hatten.
(28) Ihr Kleinvieh und ihr Rindvieh und ihre Esel und was in der Stadt und auf dem Feld war, nahmen sie.
(29) All ihren Besitz und alle ihre kleinen Kinder und ihre Frauen nahmen sie gefangen. Sie plünderten. Alles, was im Haus war, nahmen sie mit.
(30) Aber Jaakob sprach zu Schimon und Levi: »Ihr habt mich ins Unglück gestürzt, indem ihr mich verhasst gemacht habt bei den Einwohnern des Landes, bei den Kanaanäern und bei den Perisitern. Und ich habe nur wenige Leute, und sie werden sich gegen mich versammeln und mich schlagen und mich und mein Haus vernichten.«
(31) Sie aber sprachen: »Darf man unsere Schwester wie eine Hure behandeln?«

35 (1) Da sprach Gott zu Jaakob: »Steh auf und
geh hinauf nach Bethel und wohne dort.
Mache dort einen Altar für Gott, der dir dort
erschienen ist, als du auf der Flucht warst vor deinem
Bruder Esaw.«
(2) Da sprach Jaakob zu seinem Haus und zu allen, die
bei ihm waren: »Schafft die fremden Götter weg, die bei
euch sind, reinigt euch und wechselt eure Kleider.
(3) Dann lasst uns aufstehn und hinaufgehen nach
Bethel, und ich will dort einen Altar machen für Gott, der
mich erhört hat am Tage meiner Not und mit mir gewesen ist auf dem Weg, den ich gegangen bin.«
(4) Da gaben sie Jaakob alle fremden Götter, die in ihrer
Hand waren, und die Ringe, die an ihren Ohren waren.
Und Jaakob vergrub sie unter der Terebinthe bei Sichem.
(5) Dann brachen sie auf. Da kam ein »Schrecken Gottes«
über die Städte, die um sie herum waren, so dass sie die
Söhne Jaakobs nicht verfolgten.
(6) Jaakob aber kam nach Lus im Lande Kanaan, das ist
Bethel, er und »alles Volk«, das bei ihm war.
(7) Und er baute dort einen Altar und nannte den Ort
»Gott ist in Bethel«, denn dort war ihm die Gottheit erschienen, als er auf der Flucht vor seinem Bruder war.
(8) Damals starb Devorah, die Amme Rivkahs, und sie
wurde begraben unterhalb von Bethel unter der Eiche
und nannte den Ort Allon-Bachut, Tränenfeiche.
(9) Gott erschien Jaakob nochmals, als er kam aus Padan
Aram, und segnete ihn.
(10) Gott sprach zu ihm: »Dein Name ist Jaakob, aber so
sollst du nicht mehr heißen, sondern Jisrael soll dein
Name sein.« Und er nannte ihn so: Jisrael.
(11) Weiter sprach Gott zu ihm: »Ich bin Gott, der Allernährer, sei fruchtbar und vermehre dich! Ein Volk und
eine Menge Völker sollen von dir kommen, und Könige
sollen aus deiner Hüfte hervorgehen.

(12) Und das Land, das ich Abraham und Jizchak gegeben, dir will ich es gewiss geben, auch deinen Nachkommen werde ich das Land geben.«
(13) Und Gott hob sich weg von dem Ort, wo er mit ihm geredet hatte.
(14) Da richtete Jaakob eine Mazzebe auf an dem Ort, wo er mit ihm geredet hatte, eine Mazzebe aus Stein. Und er brachte ein Trankopfer darauf dar und goss Öl darauf.
(15) Und Jaakob nannte den Ort, wo Gott mit ihm geredet hatte, Bethel, »Haus Gottes«.
(16) Dann brachen sie auf von Bethel. Es war aber noch ein gutes Stück des Weges, um nach Ephrat zu kommen, da gebar Rachel, aber sie hatte es schwer bei ihrer Geburt.
(17) Und es geschah, als sie es schwer hatte bei ihrem Gebären, da sprach die Hebamme zu ihr: »Hab keine Angst, denn auch dieser wird dir ein Sohn sein.«
(18) Es geschah, als ihre Seele entwich und sie zum Sterben kam, da nannte sie seinen Namen Ben-Oni (Sohn meines Unglücks), sein Vater aber rief ihn Benjamin (Sohn des Glücks).
(19) Und Rachel starb, und sie wurde begraben auf dem Weg nach Ephrat, das ist Betlehem.
(20) Jaakob stellte eine Mazzebe auf ihr Grab – das ist die Mazzebe auf Rachels Grab bis heute.
(21) Aber Jisrael zog weiter und schlug sein Zelt über Migdal-Eder hinaus auf.
(22) Es geschah, als Jisrael in jenem Lande wohnte, da ging Ruben hin und schlief mit Bilhah, der Nebenfrau seines Vaters. Aber Jisrael hörte davon. Nun hatte Jaakob zwölf Söhne.
(23) Die Söhne Leahs: der Erstgeborene Ruben und Schimon und Levi und Jehuda und Jissachar und Sebulon;
(24) die Söhne Rachels: Joseph und Benjamin
(25) und die Söhne Bilhahs, der Magd Rachels: Dan und Naphtali

(26) und die Söhne Silpahs, der Magd Leahs: Gad und Ascher. Dies sind die Söhne Jaakobs, die ihm geboren wurden in Padan Aram.

(27) Und Jaakob kam zu seinem Vater Jizchak nach Mamre, Kirjat-Arba, das ist Chevron, da, wo zu Gast waren Abraham und Jizchak.

(28) Die Tage Jizchaks aber waren einhundertundachtzig Jahre.

(29) Und Jizchak verschied und starb und wurde versammelt zu den Seinen. Alt war er und erfüllt an Tagen. Seine Söhne Esaw und Jaakob begruben ihn.

36

(1) Dies ist das Geschlecht Esaws, das ist Edom.

(2) Esaw hat zwei Frauen von den Töchtern Kanaans genommen: Adah, die Tochter Elons, des Chiwwiters, und Oholibamah, die Tochter Anahs, die Tochter Zibons, des Chiwwiters,

(3) und Basemat, die Tochter Jischmaels, die Schwester von Nebajot.

(4) Und Adah gebar Esaw Elifas, und Basemat gebar Reuel.

(5) Und Oholibamah gebar Jeusch, Jaalam und Korach. Dies sind die Söhne Esaws, die ihm geboren wurden im Lande Kanaan.

(6) Und Esaw nahm seine Frauen, seine Söhne, seine Töchter und alle, die in seinem Hause lebten, seine Herden, all sein Vieh und seinen ganzen Besitz, den er im Lande Kanaan erworben hatte, und ging in ein Land entfernt von seinem Bruder Jaakob,

(7) denn ihr Besitz war zu groß, um zusammen zu wohnen, denn das Land ihres Aufenthaltes vermochte sie nicht zu tragen wegen ihrer Herden.

(8) Und Esaw siedelte so im Gebirge. Esaw – das ist Edom.
(9) Dies ist das Geschlecht Esaws, des Stammvaters von Edom im Gebirge Seïr.
(10) Dies sind die Namen der Söhne Esaws: Elifas, der Sohn Adahs, der Frau Esaws, und Reuel, der Sohn Basemats, der Frau Esaws.
(11) Die Söhne von Elifas sind: Teman, Omar, Zefo, Gaatam und Kenas.
(12) Timna war die Nebenfrau von Elifas, dem Sohn Esaws. Sie gebar ihm Amalek. Dies sind die Söhne Adahs, der Frau Esaws.
(13) Und dies sind die Söhne Reuels: Nachat, Serach, Schammah und Missah. Dies sind die Söhne Basemats, der Frau Esaws.
(14) Und dies sind die Söhne Oholibamahs, der Tochter Anahs, der Tochter Zibons, der Frau Esaws. Und sie gebar Esaw Jeusch, Jaalam und Korach.
(15) Dies sind die Fürsten der Söhne Esaws: die Söhne Elifas, des Erstgeborenen von Esaw: Teman, Omar, Zefo, Kenas,
(16) Korach, Gaatam, Amalek. Dies sind die Fürsten von Elifas im Lande Edom. Diese sind Söhne der Adah.
(17) Und dies sind die Söhne Reuels, des Sohnes von Esaw: Nachat, Serach, Schammah, Missah. Dies sind die Fürsten von Reuel im Land Edom. Diese sind die Söhne von Basemat, der Frau Esaws.
(18) Und diese sind die Söhne Oholibamahs, der Frau Esaws: Jeusch, Jaalam, Korach. Das sind die Fürsten Oholibamahs, der Tochter Anahs, der Frau Esaws.
(19) Dies sind die Söhne Esaws und dies sind ihre Fürsten, das ist Edom.
(20) Dies sind die Söhne Seïrs, des Choriters, die Einwohner des Landes: Lotan, Schobal und Zibon und Anah,

(21) Dischon, Ezer und Dischan. Dies sind die Fürsten des Choriters, die Söhne Seïrs im Lande Edom.
(22) Die Söhne Lotans sind Chori und Heman, dazu die Schwester Lotans: Timna.
(23) Und dies sind die Söhne Schobals: Alwan, Manachat und Ebal, Schefo und Onan.
(24) Und dies sind die Söhne Zibons: Aijah und Anah. Anah ist der, der in der Wüste heiße Quellen gefunden hat, als er die Esel seines Vaters Zibon weidete.
(25) Dies sind die Söhne Anahs: Dischon und Oholibamah, die Tochter Anahs.
(26) Dies sind die Söhne Dischons: Chemdan, Eschban, Jitran und Keran.
(27) Dies sind die Söhne Ezers: Bilhan, Saawan und Akan.
(28) Das sind die Söhne Dischans: Zu und Aran.
(29) Diese sind die Fürsten des Choriters: Lotan, Schobal, Zibon, Anah,
(30) Dischon, Ezer und Dischan, dies sind die Fürsten des Choriters, entsprechend ihrer Fürsten im Lande Seïr.
(31) Und dies sind die Könige, die herrschten im Lande Edom, bevor ein König herrschte bei den Jisraeliten.
(32) Es herrschte in Edom Bela, der Sohn Beors, und der Name seiner Stadt ist Dinhabah.
(33) Und Bela starb, und es wurde König an seiner statt Jobab, der Sohn Serachs von Bozrah.
(34) Jobab starb. Und es wurde König an seiner statt Chuscham aus dem Land des Temaniters.
(35) Aber Chuscham starb, und es wurde König an seiner statt Hadad, der Sohn Bedads, der Midian im Gefilde Moabs schlug. Und der Name seiner Stadt ist Awit.
(36) Und Hadad starb, und es ward an seiner statt König Samlah aus Masrekah.
(37) Als Samlah starb, ward an seiner statt König Schaul von Rechovot am Euphrat.

(38) Und Schaul starb, und es wurde König an seiner statt Baal-Chanan, der Sohn Achbors.
(39) Es starb Baal-Chanan, und es herrschte statt seiner Hadad. Und der Name seiner Stadt war Pagu und der Name seiner Frau Mehetavel, Tochter Matreds, der Tochter Me-Sahav.
(40) Und dies sind die Namen der Fürsten Esaws nach ihren Geschlechtern und ihren Wohnorten bei ihren Namen: Timna, Alwah, Jetet,
(41) Oholibamah, Elah, Pinon,
(42) Kenan, Teman, Mibzar,
(43) Magdiel, Iram. Diese sind die Fürsten Edoms nach ihren Wohnsitzen im Lande ihres Besitzes. Esaw aber ist der Stammvater Edoms.

37

(1) Jaakob aber wohnte in dem Lande, in dem sein Vater zu Gast war, im Land Kanaan.
(2) Dies ist die Geschichte der Nachkommen Jaakobs. Joseph war siebzehn Jahre alt und war ein Hirt der Herde mit seinen Brüdern. Aber er war ein Knecht bei den Söhnen Bilhahs und den Söhnen Silpahs, der Frauen seines Vaters. Joseph aber überbrachte ihr übles Gerede ihrem Vater.
(3) Jisrael aber liebte Joseph mehr als alle seine Söhne, denn er war ihm ein Sohn seines Alters, und er machte ihm ein königliches Gewand.
(4) Da sahen seine Brüder deutlich, dass ihn ihr Vater mehr liebte als sie alle – da hassten sie ihn und vermochten kein Wort zum Frieden ihm zu sagen.
(5) Joseph aber träumte und erzählte es seinen Brüdern. Da hassten sie ihn noch mehr.
(6) Er sprach zu ihnen: Hört doch. Das ist der Traum, den ich hatte:

(7) »Also, wir banden Ährengarben auf dem Feld und da, meine Garbe stellte sich auf und blieb auch stehen, und eure Garben drum herum verneigten sich tief vor meiner Garbe.«

(8) Da sprachen seine Brüder zu ihm: »Willst du etwa als König über uns herrschen!? Oder uns als Herrscher behüten?« Da hassten sie ihn noch mehr wegen seiner Träume und seiner Worte.

(9) Aber er hatte noch einen anderen Traum und erzählte ihn seinen Brüdern. Er sprach: »Ich habe nochmals geträumt, so: Die Sonne und der Mond und elf Sterne verneigten sich tief vor mir.«

(10) Das erzählte er seinem Vater und seinen Brüdern. Sein Vater aber schimpfte mit ihm deswegen: »Was ist das für ein Traum, den du da geträumt hast? Sollen wir kommen, ich, deine Mutter und deine Brüder, um vor dir zur Erde niederzufallen!?«

(11) Seine Brüder aber waren eifersüchtig auf ihn. Sein Vater aber bewahrte die Geschichte.

(12) Da zogen seine Brüder davon, um die Herde ihres Vaters zu weiden bei Schechem.

(13) Jisrael sprach zu Joseph: »Weiden deine Brüder nicht bei Schechem? Komm, ich will dich zu ihnen senden.« Er sprach: »Ja, hier bin ich.«

(14) Da sagte er zu ihm: »Geh doch, sieh nach dem friedlichen Wohlbefinden deiner Brüder und dem friedlichen Wohlbefinden der Herde und gib mir Nachricht.« Er schickte ihn weg aus dem Tal von Chevron. Da kam er nach Schechem.

(15) Es fand ihn ein Mann, da er umherirrte auf dem Felde, und der Mann fragte ihn: »Was suchst du?«

(16) Er antwortete: »Meine Brüder suche ich. Kannst du mir sagen, wo sie weiden?«

(17) Der Mann sprach: »Sie sind aufgebrochen von hier, denn ich hörte sie sagen: ›Lasst uns nach Dotan gehen!‹«

Da ging Joseph seinen Brüdern hinterher und fand sie in Dotan.
(18) Die sahen ihn von ferne, und bevor er noch nahe zu ihnen kam, hatten sie schon beschlossen, ihn zu töten.
(19) Und sie sprachen untereinander: »Da kommt er doch, dieser Träumer.
(20) Aber nun kommt, wir wollen ihn erschlagen, und dann werfen wir ihn in eine der Zisternen, und dann wollen wir sagen: ›Ein böses Tier hat ihn gefressen.‹ Dann lasst uns sehen, was aus seinen Träumen wird!«
(21) Als Ruben das hörte, versuchte er, ihn aus ihrer Hand zu retten, und sprach: »Wir wollen ihm nicht an die Seele gehen
(22) und vergießt kein Blut, werft ihn in diese Zisterne, hier in der Wüste. Aber legt keine Hand an ihn.« Dies sagte er, um ihn zu retten aus ihrer Hand und um ihn zu seinem Vater zurückzubringen.
(23) Und es geschah, als Joseph zu seinen Brüdern kam, da zogen sie Joseph sein Gewand aus, das königliche Gewand, das er trug.
(24) Dann packten sie ihn und warfen ihn in die Zisterne. Die Zisterne aber war leer und kein Wasser darin.
(25) Dann setzten sie sich, um ihr Brot zu essen. Sie hoben ihre Augen auf und sahen. Da, eine Karawane der Jischmaeliter kam von Gilead her, und ihre Kamele trugen Harz, Balsam und Myrrhe, um sie nach Ägypten hinab zu bringen.
(26) Da sprach Jehudah zu seinen Brüdern: »Was haben wir davon, wenn wir unseren Bruder erschlagen und sein Blut vergießen?
(27) Kommt, wir wollen ihn den Jischmaelitern verkaufen, aber unsere Hand nicht an ihn legen, denn er ist unser Bruder und gehört doch zu unserer Familie.« Da hörten sie auf ihren Bruder.
(28) Da kamen aber midianitische Kaufleute vorbei und

zogen Joseph aus der Zisterne heraus, und sie verkauften Joseph für zwanzig Silberstücke an die Jischmaeliter, und diese brachten Joseph nach Ägypten.
(29) Nun kam Ruben zur Zisterne zurück. Aber siehe da: Joseph war nicht in der Zisterne. Da zerriss er sein Gewand
(30) und ging zu seinen Brüdern zurück und sprach: »Der Junge ist weg! Aber was soll ich jetzt machen?!«
(31) Da nahmen sie das Gewand Josephs, schlachteten einen Ziegenbock und tauchten das Gewand in Blut.
(32) Sie schickten das königliche Gewand und ließen es ihrem Vater bringen und sagten: »Dies haben wir gefunden, betrachte es doch genau, ob es das Gewand deines Sohnes ist oder nicht.«
(33) Und er betrachtete es genau und sprach: »Das ist das Gewand meines Sohnes. Ein böses Tier hat ihn gefressen, wahrlich, Joseph ist zerrissen.«
(34) Da zerriss Jaakob seine Kleider und legte einen Sack um seine Hüften und trauerte um seinen Sohn viele Tage.
(35) Da machten sich alle seine Söhne und Töchter auf, um ihn zu trösten, aber er wollte sich nicht trösten lassen. »Vielmehr will ich trauernd hinabsteigen zu meinem Sohn in das Totenreich.« So beweinte ihn sein Vater.
(36) Aber die Midianiter hatten Joseph längst nach Ägypten verkauft, an Potiphar, einen Hofbeamten des Pharao, den Obersten der Leibwache.

38

(1) Es geschah zu jener Zeit. Jehudah ging hinab, von seinen Brüdern hinweg, er wandte sich zu einem Mann aus Adulam, der hieß Chirah.
(2) Dort sah Jehudah die Tochter eines Kanaanäers, dessen Name Schua war. Er nahm sie und ging zu ihr hinein.

(3) Sie wurde schwanger und gebar einen Sohn, den nannte er Er.

(4) Sie wurde abermals schwanger und gebar einen Sohn, den nannte sie Onan.

(5) Sie gebar nochmals einen Sohn, den sie Schelah nannte. Es war aber in Kesib, als sie ihn gebar.

(6) Jehudah nahm für seinen Erstgeborenen, für Er, eine Frau. Ihr Name war Tamar.

(7) Er aber, der Erstgeborene Jehudahs, war in SEINEN Augen boshaft. Und ER, hochgelobt sei Sie, ließ ihn sterben.

(8) Da sprach Jehudah zu Onan: »Geh zu der Frau deines Bruders und vollziehe mit ihr die Schwagerpflicht und erwecke deinem Bruder einen Nachkommen.«

(9) Da nun Onan wusste, dass der Nachkomme nicht ihm gehören würde, da geschah es, als er zur Frau seines Bruders kam, verdarb er es zur Erde hin, um seinem Bruder keinen Samen zu geben.

(10) Dies aber, was er getan, missfiel IHM, hochgelobt sei Sie, gar sehr, und er tötete auch ihn.

(11) Da sprach Jehudah zu seiner Schwiegertochter Tamar: »Wohne als Witwe im Haus deines Vaters, bis mein Sohn Schelah groß ist.« Denn er dachte, dass ja nicht auch er stirbt wie seine Brüder. Und Tamar ging davon und wohnte im Haus ihres Vaters.

(12) Viele Tage waren vergangen, da starb die Tochter Schuas, die Frau Jehudahs. Als er sich getröstet hatte, ging er hinauf zu den Scherern seiner Herde, er und Chirah, sein Freund, der Adulamiter, nach Timnah.

(13) Tamar aber wurde Folgendes berichtet: »Da, dein Schwiegervater geht hinauf nach Timnah, um seine Herde zu scheren.«

(14) Da legte sie ihre Witwenkleidung ab und bedeckte sich mit einem Schleier und verhüllte sich, setzte sich nieder am Eingang von Enajim, das auf dem Weg nach Tim-

nah liegt, denn sie hatte wahrgenommen, dass Schelah groß geworden war. Aber sie wurde ihm nicht zur Frau gegeben.
(15) Da sah sie Jehudah und hielt sie für eine Hure, denn sie hatte ihr Gesicht verhüllt.
(16) Er bog ab zu ihr auf den Weg und sprach: »Wohlan doch, ich will zu dir kommen.« Denn er wusste nicht, dass sie seine Schwiegertochter ist. Sie aber sprach zu ihm: »Was gibst du mir, wenn du zu mir kommen kannst?«
(17) Er antwortete: »Ich werde dir ein Ziegenböckchen von der Herde schicken.« Sie sprach: »Wenn du mir ein Pfand gibst, bis du es schickst.«
(18) Da sprach er: »Was für ein Pfand soll ich dir geben?« Sie sagte: »Dein Siegel und deine Siegelschnur und deinen Stab, den du in der Hand hast.« Er gab es ihr. Er kam zu ihr, und sie ward schwanger von ihm.
(19) Sie stand auf und ging davon, legte ihren Schleier ab und zog ihr Witwenkleid wieder an.
(20) Jehudah aber schickte das Ziegenböckchen durch seinen Freund, den Adulamiter, um sein Pfand von der Frau zurückzuerhalten. Aber er fand sie nicht.
(21) Er fragte die Einwohner ihres Ortes: »Wo ist die Hierodule, die in Enajim auf dem Weg war?« Sie antworteten: »Es gibt hier keine Hierodule.«
(22) Da kehrte er zu Jehudah zurück und sprach: »Ich habe sie nicht gefunden, und auch die Einwohner des Ortes haben zu mir gesagt: ›Hier gibt es keine Hierodule.‹«
(23) Da sagte Jehudah: »Hätte sie es doch empfangen, damit wir nicht zu Gespött werden. Nun ja, ich habe das Böckchen geschickt, aber du hast sie nicht gefunden.«
(24) Es geschah nach drei Monaten. Da wurde Jehudah Folgendes berichtet: »Gehurt hat deine Schwiegertochter Tamar. Denn sie ist schwanger geworden durch ihr Huren.« Da sprach Jehudah: »Führt sie heraus – sie soll gebrandmarkt werden.«

(25) Sie wurde herausgeführt. Aber sie sandte zu ihrem Schwiegervater und ließ ihm sagen: »Von dem Mann, dem dies alles gehört, bin ich schwanger. Betrachte doch genau, wem dies zu eigen ist: das Siegel, diese Siegelschnur und dieser Stab.«
(26) Jehudah betrachtete diese Dinge genau und sprach: »Sie ist gerechtfertigt, nicht ich. Darum, weil ich ihr meinen Sohn Schelah nicht gegeben habe.« Aber von nun an schlief er nicht mehr mit ihr.
(27) Es geschah zu der Zeit, da sie gebären sollte: Und da, es waren Zwillinge in ihrem Leib.
(28) Und es passierte, als sie gebar, da kam eine Hand heraus – und die Hebamme ergriff sie und band um seine Hand einen roten Faden und sprach: »Dieser ist zuerst geboren.«
(29) Aber als er seine Hand zurücknahm, da kam sein Bruder heraus. Da sprach sie: »Was hast du nur für einen Riss gerissen.« Da nannte er ihn Perez.
(30) Danach wurde sein Bruder geboren, um seine Hand den roten Faden. Er nannte ihn Serach.

39

(1) Joseph aber wurde hinabgebracht nach Ägypten, und Potiphar, ein Hofbeamter des Pharao, der Oberste der Leibwache, ein ägyptischer Mann, kaufte ihn von den Jischmaelitern, die ihn dorthin hinabgebracht hatten.
(2) Und ER, hochgelobt sei Sie, war mit Joseph. So war er ein Mann, dem alles glückte. Er war im Haus seines Herrn, des Ägypters.
(3) Sein Herr aber erkannte, dass ER, hochgelobt sei Sie, mit ihm war und alles, was er tat, ließ ER, hochgelobt sei Sie, glücken durch seine Hand.
(4) Da fand Joseph Gnade in seinen Augen und er

bediente ihn. Er bestellte ihn über sein Haus, und alles, was ihm gehörte, gab er in seine Hand.

(5) Und es geschah: Seit er ihn bestellt hatte über sein Haus und über alles, was ihm gehörte, segnete ER, hochgelobt sei Sie, das Haus des Ägypters um Josephs Willen. So lag SEIN Segen über allem, was ihm gehörte, im Haus und auf dem Felde.

(6) Er überließ alles Joseph und kümmerte sich um nichts mehr, außer um das Brot, das er aß. Joseph aber war schön von Gestalt und schön vom Aussehen.

(7) Es geschah nach diesem Geschehen: Die Frau seines Herren erhob ihre Augen auf – auf Joseph. Sie sprach zu ihm: »Lege dich doch zu mir!«

(8) Aber er weigerte sich und sprach zu der Frau seines Herren: »Da sieh, mein Herr kümmert sich bei mir um nichts, was im Haus geschieht, und alles, was ihm gehört, hat er in meine Hand gegeben.

(9) Es gibt keinen Größeren in diesem Haus als mich. Er hat mir nichts vorenthalten – außer dir, darum weil du seine Frau bist. Wie sollte ich diese große Bosheit tun? Sollte ich sündigen gegen Gott!«

(10) So war ihre Rede zu Joseph Tag für Tag, dass er neben ihr liegen soll, um mit ihr zusammen zu sein. Aber Joseph hörte nicht auf sie.

(11) Eines Tages aber geschah es. Er kam in das Haus, um seine Arbeit zu tun. Aber keiner der Hausangestellten war dort im Haus.

(12) Da ergriff sie ihn bei seinem Gewand und sprach: »Lege dich doch mit mir zusammen nieder!« Er aber ließ sein Gewand in ihrer Hand und floh und lief nach draußen.

(13) Als sie sah, dass er sein Gewand in ihrer Hand gelassen hatte und nach draußen geflohen war,

(14) rief sie die Angestellten ihres Hauses herbei und sprach zu ihnen: »Seht her, man hat uns den hebräischen

Mann gebracht, um uns lächerlich zu machen. Er kam zu mir, um mit mir zu schlafen, aber ich schrie mit lauter Stimme.
(15) Als er hörte, dass ich meine Stimme erhob und schrie, da ließ er sein Gewand neben mir, floh und lief nach draußen.«
(16) Sie legte sein Gewand neben sich, bis sein Herr in sein Haus kam.
(17) Dann sprach sie zu ihm mit diesen Worten Folgendes: »Er kam zu mir, der hebräische Knecht, den du zu uns gebracht hast, um mich lächerlich zu machen.
(18) Es geschah aber, als ich meine Stimme erhob und schrie, ließ er sein Gewand neben mir und floh nach draußen.«
(19) Als nun sein Herr die Worte seiner Frau hörte, die zu ihm so gesprochen hatte: »Dieses, was ich sagte, hat mir dein Knecht angetan«, da entbrannte sein Zorn.
(20) Und Josephs Herr nahm ihn und warf ihn in das Gefängnis, an den Ort, wo die Gefangenen des Königs gefangen waren. Dort war er im Gefängnis.
(21) Aber ER, hochgelobt sei Sie, war mit Joseph. Er wandte ihm Huld zu und gab ihm Gunst in den Augen des Gefängniskommandanten.
(22) Der Kommandant übergab Joseph alle Gefangenen, die im Gefängnis waren, und alles, was sie dort tun mussten, ordnete er an.
(23) Der Gefängniskommandant kümmerte sich um nichts, was in seiner, Josephs, Hand war, weil ER, hochgelobt sei Sie, mit ihm war – und was er auch tat; ER, hochgelobt sei Sie, ließ es glücken.

40 (1) Es geschah nach diesen Ereignissen: Da verfehlten sich der Mundschenk des Königs von Ägypten und der Hofbäcker gegen ihren Herrn, den König von Ägypten.
(2) Da erzürnte der Pharao über seine zwei Hofbeamten, den Obermundschenk und den Oberbäcker.
(3) Er gab sie in Gewahrsam in das Haus des Obersten der Leibwache, in das Gefängnis, den Ort, wo Joseph gefangen war.
(4) Und der Oberste der Leibwache verfügte Joseph zu ihnen, dass er sie bediente. Es verging aber einige Zeit im Gewahrsam.
(5) Da träumte den beiden, jeder seinen Traum in derselben Nacht, jeder wie die Deutung seines Traumes, der Mundschenk und der Hofbäcker des Königs von Ägypten, die im Gefängnis Gefangene waren.
(6) Als Joseph am Morgen zu ihnen kam, sah er sie an – und sie waren traurig.
(7) Da fragte er die Hofbeamten des Pharao, die bei ihm im Gewahrsam waren, im Haus seines Herren so: »Warum ist euer Angesicht heute so verstört?«
(8) Da sprachen sie zu ihm: »Wir haben einen Traum gehabt, aber einer, der ihn deutet, ist nicht da.« Joseph sprach zu ihnen: »Sind die Deutungen nicht Gottes? Aber erzählt sie doch mir!«
(9) Der oberste Mundschenk erzählte Joseph seinen Traum, er sprach zu ihm: »In meinem Traum war vor mir ein Weinstock.
(10) Und an dem Weinstock waren drei Reben, er war blühend, der Blütenstand brach auf, und an ihren Trappen wurden die Beeren reif.
(11) Und der Becher des Pharao war in meiner Hand, und ich nahm die Trauben und presste sie in den Becher Pharaos aus, dann gab ich den Becher in die leere Hand des Pharao.«

(12) Joseph sprach zu ihm: »Dies ist des Traumes Deutung: Die drei Reben sind drei Tage.
(13) Es sind noch drei Tage, dann wird der Pharao dein Haupt erheben und dich zurückbringen in deine Position, und du wirst den Becher Pharaos in seine Hand geben, nach dem vorigen Recht, als du sein Mundschenk warst.
(14) Wenn es dir dann gut geht, dann erinnere dich meiner und erweise mir Treue und bring mich vor Pharao in Erinnerung und hole mich heraus aus diesem Haus.
(15) Denn fürwahr, ich bin aus dem Land der Hebräer gestohlen worden, und auch hier habe ich überhaupt nichts getan, dass man mich gesetzt hat in das Loch.«
(16) Als der Oberhofbäcker hörte, dass er angenehm gedeutet hatte, sprach er zu Joseph: »Auch in meinem Traum gibt es drei Körbe mit feinem Gebäck auf meinem Kopf.
(17) Und im obersten Korb war allerlei Essbares für Pharao, gemacht vom Bäcker, aber die Vögel fraßen es aus dem Korb auf meinem Kopf.«
(18) Joseph antwortete und sprach: »Dies ist seine Deutung, die drei Körbe sind drei Tage.
(19) Es sind noch drei Tage, dann wird Pharao deinen Kopf über dich erheben und wird dich aufhängen an einen Baum, und die Vögel werden dein Fleisch fressen.«
(20) Und es geschah am dritten Tag, dem Geburtstag des Pharao, da machte er ein Gastmahl für alle seine Großen und erhob das Haupt des Obermundschenks und das Haupt des Oberhofbäckers unter seinen Knechten.
(21) Er setzte den Obermundschenk in sein Amt ein, und er gab den Becher in die leere Hand des Pharao.
(22) Den Oberhofbäcker aber ließ er aufhängen – so wie Joseph es ihnen gedeutet hatte.
(23) Aber der Obermundschenk erinnerte sich nicht an Joseph und vergaß ihn.

41 (1) Es geschah aber zwei Jahre später... Und Pharao träumte: Und er stand am Nil.

(2) Da, aus dem Fluss stiegen sieben Kühe, schön vom Ansehen und fettem Fleisch, und weideten im Riedgras.

(3) Aber da: Sieben andere Kühe stiegen nach ihnen aus dem Nil, hässlich vom Ansehen und magerem Fleisch, und standen neben den schönen Kühen am Ufer des Nils.

(4) Aber die hässlichen und mageren Kühe fraßen die sieben schönen und fetten Kühe auf. Da erwachte der Pharao.

(5) Er schlief aber wieder ein und träumte erneut: Sieh da, sieben Ähren kamen hervor an einem Halm, dick und schön.

(6) Aber sieh da, sieben dünne und vom Ostwind verbrannte Ähren sprossten nach ihnen auf.

(7) Und die dünnen Ähren verschlangen die sieben fetten und vollen Ähren. Da erwachte Pharao. Es war ein Traum.

(8) Aber in der Frühe ward sein Geist beunruhigt, und er sandte hin und rief die Zeichendeuter Ägyptens und des Landes Weise. Und der Pharao erzählte ihnen seine Träume. Aber keiner konnte sie dem Pharao deuten.

(9) Da sprach der Obermundschenk zum Pharao: »Jetzt erinnere ich mich meiner Verfehlungen.

(10) Pharao war zornig über seine Knechte, er gab mich in Gewahrsam in das Haus des Obersten der Leibwache, mich und den Oberhofbäcker.

(11) Und: Wir träumten einen Traum in derselben Nacht, ich und er, wir träumten ein jeder wie die Deutung seines Traumes.

(12) Aber dort war bei uns ein junger hebräischer Mann, Knecht des Obersten der Leibwache, und dem erzählten wir – der deutete uns unsere Träume, einem jeden nach seinem Traum.

(13) Und wie er uns gedeutet hatte, so geschah es: Mich setzte man wieder in mein Amt ein – aber er wurde gehängt.«
(14) Da sandte Pharao hin und rief Joseph – und er wurde schnell aus dem Gefängnisloch geholt. Er rasierte sich und wechselte seine Kleider und kam zu Pharao.
(15) Der Pharao sprach zu Joseph: »Einen Traum habe ich gehabt, aber keiner kann ihn deuten. Aber ich habe über dich sagen gehört: Du hörst einen Traum und kannst ihn deuten.«
(16) Da antwortete Joseph dem Pharao: »Nicht ich, vielmehr Gott sagt zum Wohl des Pharao etwas aus.«
(17) Da redete der Pharao zu Joseph: »In meinem Traum stand ich am Ufer des Nils,
(18) und siehe, aus dem Fluss stiegen heraus sieben fette und schöne Kühe und weideten im Riedgras.
(19) Aber nach ihnen stiegen sieben andere Kühe heraus, dünn und sehr hässlich und von magerem Fleisch. So hässliche Kühe wie diese sah ich nicht im ganzen Land Ägypten.
(20) Aber die mageren und hässlichen Kühe fraßen die sieben vorigen, fetten Kühe.
(21) Als sie aber in ihren Bauch gekommen waren, merkte man es nicht, denn sie blieben so hässlich wie zuvor. Da erwachte ich.
(22) Nochmals schaute ich in meinem Traum: Sieben Ähren kamen hervor an einem Halm, voll und schön.
(23) Und sieben dürre, dünne und vom Ostwind verbrannte Ähren sprossten nach ihnen auf,
(24) und die dünnen Ähren verschlangen die sieben schönen Ähren. Das sagte ich den Zeichendeutern, aber keiner konnte mir es sagen.«
(25) Da sprach Joseph zu Pharao: »Der Traum Pharaos ist einer: Das, was der Gott tun will, erzählt er dem Pharao.
(26) Die sieben schönen Kühe sind sieben Jahre und

auch die sieben schönen Ähren sind sieben Jahre. Es ist ein Traum.

(27) Aber die sieben mageren und hässlichen Kühe, die nach ihnen heraufstiegen sind auch sieben Jahre, ebenso wie die dürren und vom Ostwind verbrannten Ähren. Es wird sieben Jahre Hungersnot sein.

(28) Das ist das Wort, das ich Pharao gekündet habe: ›Was die Gottheit tun will, lässt sie Pharao schauen.‹

(29) Es kommen bald sieben Jahre von großem Überfluss im ganzen Land Ägypten.

(30) Aber danach kommt für sieben Jahre eine Hungersnot, und aller Überfluss im ganzen Land Ägypten wird vergessen sein, und diese Hungersnot wird das Land vernichten.

(31) Und der Überfluss wird im Land nicht wahrgenommen werden wegen jener Hungersnot danach. Denn sie wird sehr schwer sein.

(32) Die Wiederholung des Traums an Pharao zweimal besagt: Fest beschlossen ist das Geschehen bei der Gottheit, und die Gottheit wird eilen, es zu tun.

(33) Was nun? Pharao suche einen einsichtsvollen und weisen Mann aus und setze ihn ein über das Land Ägypten.

(34) So tue Pharao: Er beauftrage Verantwortliche über das Land, und er erhebe ein Fünftel vom Ertrag im Land Ägypten in den sieben Jahren des Überflusses.

(35) Die Verantwortlichen sollen alle Speise in diesen kommenden guten Jahren einsammeln, und das gedroschene Getreide sollen sie aufschütten unter der ›Hand Pharaos‹ als Speisevorrat in den Städten und sollen es bewahren.

(36) Und dieser Speisevorrat soll zum Vorrat für das Land, für die sieben Jahre der Hungersnot, die über das Land Ägypten kommen, werden. Damit das Land nicht durch die Hungersnot zernichtet wird.«

(37) Diese Rede gefiel dem Pharao gut und auch allen seinen Beamten.
(38) Da sprach der Pharao zu seinen Knechten: »Kann einer gefunden werden wie dieser? Ein Mann, in dem der Geist Gottes ist?«
(39) Und der Pharao sprach zu Joseph: »Nachdem dir Gott dies alles kundgetan hat, gibt es keinen, der einsichtsvoller und weiser ist als du.
(40) Du wirst gesetzt über mein Haus, und über die Anweisungen aus deinem Mund warte mein ganzes Volk. Nur um den Thron bleibe ich größer als du.«
(41) Der Pharao sprach zu Joseph: »Begreif doch, ich habe dich eingesetzt über das ganze Land Ägypten.«
(42) Und der Pharao nahm seinen Siegelring von seiner Hand und steckte ihn an die Hand Josephs und bekleidete ihn mit Gewändern aus Byssus und legte eine goldene Kette um seinen Hals.
(43) Und er ließ ihn fahren im zweiten Wagen, der sein war, und man rief vor ihm aus: »Erweist Ehre!« und setzte ihn über ganz Ägypten.
(44) Der Pharao sprach zu Joseph: »Ich bin der Pharao, aber ohne deine Erlaubnis soll keiner seine Hand oder seinen Fuß erheben im ganzen Land Ägypten.«
(45) Der Pharao rief Joseph mit einem neuen Namen: Zafenat Paneach und gab ihm Asenath, die Tochter Poti Feras, des Priesters von On, zur Frau. Und Joseph zog hinaus in das Land Ägypten.
(46) Aber Joseph war dreißig Jahre alt, als er vor dem Pharao, dem König von Ägypten, stand, und er zog hinweg vom Pharao und durchquerte das ganze Land Ägypten.
(47) Und das Land erbrachte in den sieben Jahren der Fülle Überfluss.
(48) Und er sammelte allen Speisevorrat der sieben Jahre, die im Land Ägypten waren, und brachte sie in ihre

Städte, Speisevorräte von den Feldern der Stadt um sie her verbrachte er in sie hinein.
(49) Und Joseph schüttete das Getreide auf wie den Sand am Meer, sehr zahlreich, bis man zu zählen aufhörte, denn es war ohne Zahl.
(50) Aber Joseph wurden zwei Söhne geboren, bevor das Jahr der Hungersnot kam; Asenath, die Tochter Poti Feras, des Priesters von On, gebar sie ihm.
(51) Joseph nannte den Namen seines Erstgeborenen: Menasche, denn Gott ließ mich alle meine Mühsal und das Haus meines Vaters vergessen.
(52) Den zweiten nannte er Ephrajim, denn Gott hat mich fruchtbar gemacht im Land meines Elends.
(53) Die sieben Jahre des Überflusses aber gingen zu Ende, die im Lande gewesen.
(54) Es begannen die sieben Jahre der Hungersnot zu kommen, so wie es Joseph gesagt. Die Hungersnot aber war in allen Ländern – aber im ganzen Land Ägypten war Brot.
(55) Als aber auch das ganze Land Ägypten hungerte, rief das Volk zu Pharao um Brot. Der Pharao aber sprach zu ganz Ägypten: »Geht zu Joseph, und was er euch sagt, das tut.«
(56) Die Hungersnot aber war auf der ganzen Erde. Joseph aber öffnete alle Vorräte und verkaufte Getreide für Ägypten. Aber die Hungersnot war im Land Ägypten sehr stark geworden.
(57) Aber die ganze Erde kam nach Ägypten, um Getreide bei Joseph zu kaufen. Denn groß war die Hungersnot in der ganzen Welt.

42 (1) Jaakob aber erfuhr, dass es in Ägypten Getreide gab, und er sprach zu seinen Söhnen: »Was steht ihr da herum!?

(2) Seht doch, ich habe gehört, dass es Getreide gibt in Ägypten, zieht hinab dorthin und kauft daselbst Getreide für uns, damit wir überleben und nicht sterben.«

(3) Da zogen zehn der Brüder Josephs hinab, um Getreide in Ägypten zu kaufen.

(4) Benjamin aber, den Bruder Josephs, schickte Jaakob nicht mit seinen Brüdern, denn er dachte, dass ihm ja nicht ein Unglück geschieht.

(5) Die Söhne Jisraels kamen, um Getreide zu kaufen, inmitten aller Ankommenden. Denn es war Hungersnot im ganzen Land Kanaan.

(6) Aber Joseph war der Gebieter über das Land, er war es, der allem Volk der Erde Getreide verkaufen ließ. Da kamen Josephs Brüder und verneigten sich tief vor ihm, bis zum Erdboden.

(7) Joseph erkannte seine Brüder und betrachtete sie genau. Aber er stellte sich ihnen gegenüber fremd und sprach hart mit ihnen und fragte: »Woher kommt ihr?« Sie sprachen: »Aus dem Land Kanaan, um Nahrung zu kaufen.«

(8) Joseph hatte seine Brüder erkannt, sie aber erkannten ihn nicht.

(9) Da gedachte Joseph der Träume, die er von ihnen geträumt und sprach zu ihnen: »Ihr seid Kundschafter! Ihr seid gekommen, um die Schwachstellen des Landes auszuspähen.«

(10) Sie sprachen zu ihm: »O nein, mein Herr! Deine Knechte sind gekommen, um Nahrung zu kaufen.

(11) Wir alle sind Söhne eines Mannes, rechtschaffen sind wir, deine Knechte sind keine Kundschafter.«

(12) Er aber sprach zu ihnen: »Nicht so. Ihr seid gekommen, um die Schwachstellen des Landes auszuspähen.«

(13) Sie aber sprachen: »Zwölf sind deine Knechte, Brüder sind wir, Söhne eines Mannes im Lande Kanaan. Der Jüngste aber ist jetzt bei unserem Vater – und der eine ist abhanden gekommen.«
(14) Joseph sagte zu ihnen: »Es ist so, wie ich zu euch geredet habe: Kundschafter seid ihr.
(15) So müsst ihr aber überprüft werden: Beim Leben des Pharao, ihr kommt hier nicht weg, es sei denn, euer jüngster Bruder kommt hierher.
(16) Schickt einen von euch, damit er euren Bruder hole, aber ihr bleibt gefangen, bis eure Reden überprüft sind – ob die Wahrheit bei euch ist. Wenn aber nicht, beim Leben des Pharao, dann seid ihr Kundschafter!«
(17) Und er nahm sie gefangen, im Gewahrsam für drei Tage.
(18) Am dritten Tag aber sprach Joseph zu ihnen: »Tut so, und ihr werdet überleben. Denn vor dem Gott habe ich Ehrfurcht.
(19) Wenn ihr rechtschaffen seid, bleibe einer von euch Brüdern gefangen im Haus eures Gewahrsams, ihr andern aber geht und bringt Getreide gegen die Hungersnot in eure Häuser.
(20) Aber euren jüngsten Bruder bringt ihr zu mir, so werden eure Reden wahr bestätigt, und ihr müsst nicht sterben.« Und sie machten es so.
(21) Da sprachen sie untereinander: »Sicherlich büßen wir die Schuld an unserem Bruder, sahen wir doch die Not seiner Seele, als er uns anflehte, aber wir haben nicht gehört. Darum kommt jetzt über uns diese Not.«
(22) Da antwortete ihnen Ruben: »Hab ich es euch nicht gesagt: ›Versündigt euch nicht an dem Kind!‹ Aber ihr habt nicht gehört, aber auch sein Blut wird von uns eingefordert.«
(23) Sie aber ahnten nicht, dass Joseph sie verstand, denn der Dolmetscher sprach mit ihnen.

(24) Aber Joseph wandte sich ab von ihnen und weinte. Dann kehrte er sich ihnen zu und sprach zu ihnen und nahm von ihnen Schimon weg und legte ihn gefangen vor ihren Augen.
(25) Darauf befahl Joseph: »Füllt ihre Gefäße mit gedroschenem Getreide und legt ihr Silber in ihre Säcke zurück und gebt ihnen Proviant für den Weg.« So tat man an ihnen.
(26) Sie aber hoben ihr Getreide auf ihre Esel und zogen davon.
(27) In der Herberge aber öffnete einer seinen Sack, um seinem Esel Futter zu geben, da sah er sein Silber, es lag obenauf in seinem Sack.
(28) Da sprach er zu seinen Brüdern: »Mein Silber ist wieder da und gar in meinem Sack.« Da entfiel ihnen ihr Herz, und sie zitterten miteinander und sprachen: »Was hat uns Gott da angetan!?«
(29) Dann kamen sie in das Land Kanaan zu ihrem Vater Jaakob, und sie erzählten ihm alles, was ihnen begegnet war, und sprachen:
(30) »Der Mann, der Herr des Landes, redete hart mit uns und hielt uns für solche, die das Land auskundschaften.
(31) Wir aber sprachen zu ihm: ›Rechtschaffen sind wir, wir sind keine Kundschafter.
(32) Wir sind zwölf Brüder, Söhne eines Vaters. Der eine ist nicht mehr vorhanden, und der jüngste ist jetzt bei seinem Vater im Lande Kanaan.‹
(33) Da sprach der Mann, der Herr des Landes, zu uns: ›Daran will ich erkennen, dass ihr rechtschaffen seid: Von euch Brüdern lasst ihr einen bei mir – aber die den Hunger stillende Nahrung für eure Familien nehmt und geht.
(34) Dann bringt euren jüngsten Bruder zu mir, dass ich erkenne, dass ihr keine Kundschafter seid, sondern rechtschaffen. Euren Bruder geb' ich euch, und ihr könnt im Land herumziehen.‹«

(35) Als sie aber ihre Säcke leerten – siehe eines jeden Silberbeutel war in seinem Sack. Sie starrten auf ihre Silberbeutel, sie und ihr Vater – und sie erschraken.

(36) Da sprach ihr Vater Jaakob zu ihnen: »Ihr habt mich kinderlos gemacht: Joseph ist nicht mehr, Schimon ist nicht mehr, und Benjamin wollt ihr mir nehmen. Alles schlägt über mir zusammen.«

(37) Darauf sprach Ruben zu seinem Vater: »Meine zwei Söhne kannst du töten, wenn ich ihn dir nicht zurückbringe. Gib ihn doch in meine Hand. Ich werd' ihn dir gewiss zurückbringen.«

(38) Er aber sagte: »Mein Sohn soll nicht mit euch hinabziehen, denn sein Bruder ist tot, und er ist allein übriggeblieben. Sollte ihm ein Unglück begegnen auf dem Weg, den ihr geht, dann bringt ihr mein graues Haupt im Kummer in das Totenreich hinab.«

43

(1) Aber die Hungersnot war groß im Lande.

(2) Als sie aber von dem Getreide, das sie aus Ägypten gebracht hatten, nichts mehr zu essen hatten, da sprach ihr Vater zu ihnen: »Kehrt zurück und kauft für uns ein wenig Speise.«

(3) Jehudah aber sprach zu ihm: »Immer wieder hat uns der Mann gewarnt: ›Lasst euch nicht sehen vor mir – es sei denn mit eurem Bruder.‹

(4) Wenn du unseren Bruder mit uns schickst, ziehen wir hinab und werden dir Speise kaufen.

(5) Aber wenn du ihn nicht schickst, gehen wir nicht hinab. Denn der Mann hat zu uns gesprochen: ›Lasst euch nicht erblicken vor mir – es sei denn mit eurem Bruder.‹«

(6) Da sprach Jisrael: »Warum habt ihr mir so etwas Böses angetan und dem Mann erzählt, dass ihr noch einen Bruder habt?«

(7) Sie sagten: »Der Mann frug uns eindringlich nach uns und unserer Verwandtschaft aus: ›Lebt euer Vater noch? Habt ihr noch einen Bruder?‹ Da erzählten wir ihm alles genau. Konnten wir ahnen, dass er sagen würde: ›Bringt euren Bruder herab!‹«
(8) Da sprach Jehudah zu seinem Vater Jisrael: »Vertrau den Knaben mir an, dann wollen wir uns auf den Weg machen, damit wir überleben und nicht sterben, wir, du und auch unsere Kinder.
(9) Ich will für ihn bürgen. Aus meiner Hand sollst du ihn fordern, wenn ich ihn nicht zu dir zurückbringen sollte. Dann stehe ich in deiner Schuld alle Zeit.
(10) Hätten wir nicht gewartet, dann wären wir jetzt schon zweimal zurück.«
(11) Da sprach ihr Vater Jisrael zu ihnen: »Nun gut, wenn es denn so ist, dann tut dies, nehmt von den feinsten Erzeugnissen des Landes etwas in euren Gefäßen für den Mann als Geschenk mit: Balsam und Honig, Ladanum und Myrrhe, Pistazien und Mandeln.
(12) Auch doppelt soviel Silber (als das erste Mal) nehmt in eure Hand, auch das Silber, das zurückgelegt war obenauf in eure Säcke, bringt zurück, vielleicht war es ein Versehen.
(13) Nun nehmt euren Bruder und macht euch auf und geht zu dem Mann zurück.
(14) Und Gott, der Allernährer, lasse euch Barmherzigkeit bei dem Manne finden, dass er euch ziehen lässt mit eurem anderen Bruder und mit Benjamin. Ich aber, wenn ich kinderlos sein soll, so sei ich es.«
(15) Da nahmen die Brüder dieses Geschenk und die doppelte Anzahl von Silberstücken in ihre Hand und Benjamin und brachen auf und zogen hinab nach Ägypten. Dann standen sie vor Joseph.
(16) Als Joseph bei ihnen Benjamin erblickte, sprach er zu dem Haushofmeister: »Geleite die Männer in mein

Haus, schlachte etwas und bereite es zu, denn mit mir sollen die Männer essen zur Mittagszeit.«
(17) Der Mann tat, wie Joseph befohlen hatte, und geleitete die Männer in Josephs Haus.
(18) Die Männer aber fürchteten sich, da sie in Josephs Haus gebracht wurden, und sprachen: »Das ist wegen des Silbers, was in unseren Säcken war beim vorigen Mal. Nun sind wir hierhergebracht, um uns zu berauben und über uns herzufallen und uns als Sklaven zu nehmen mitsamt unseren Eseln.«
(19) Sie traten an den Mann heran, der über Josephs Haus bestellt war, und sprachen zu ihm am Eingang des Hauses.
(20) Sie sagten: »Wahrlich, mein Herr, wir sind wirklich beim vorigen Mal herabgekommen, um Nahrung zu kaufen.
(21) Aber es geschah, als wir in die Herberge kamen und unsere Säcke öffneten – da, eines jeden Silber war obenauf in seinem Sack – unser Silber vollständig. Aber wir bringen es zurück in unserer Hand.
(22) Außerdem haben wir noch anderes Silber hergebracht in unserer Hand, um Nahrung zu kaufen. Aber wir wissen nicht, wer unser Silber wieder in unsere Säcke getan hat.«
(23) Der Mann aber sprach: »Friede sei mit euch, Shalom, fürchtet euch nicht. Der Gott eures Vaters hat euch einen Schatz in eure Säcke gelegt, denn euer Silber ist zu mir gelangt.« Dann gab er ihnen Schimon heraus
(24) und geleitete sie in Josephs Haus, gab ihnen Wasser, und sie wuschen sich ihre Füße. Dann gab er ihnen Futter für ihre Esel.
(25) Sie aber ordneten die Geschenke, bevor Joseph kam zur Mittagszeit, denn sie wussten, dass sie dort essen würden.
(26) Als Joseph nach Hause kam, brachten sie ihm die

Geschenke, die in ihrer Hand waren, und verneigten sich tief zur Erde vor ihm.
(27) Er aber fragte sie nach ihrem Wohlbefinden und sprach: »Geht es eurem alten Vater gut, von dem ihr erzählt habt? Lebt er noch?«
(28) Sie antworteten: »Er lebt noch, und es geht unserem Vater, deinem Knecht, gut.« Sie beugten abermals die Knie und verneigten sich.
(29) Aber er hob die Augen auf und schaute auf Benjamin, seinen Bruder, den Sohn seiner Mutter, und sprach: »Ist dieser euer jüngster Bruder, von dem ihr zu mir gesprochen habt? Gott sei dir gnädig, mein Sohn.«
(30) Joseph war sehr gerührt wegen seines Bruders, und er musste weinen, er beeilte sich und ging in ein anderes Zimmer – und dort weinte er.
(31) Dann wusch er sein Gesicht und ging hinaus, riss sich zusammen und befahl: »Bringt das Essen, tischt auf.«
(32) So tischte man ihm besonders auf und auch ihnen und ebenso den Ägyptern, die bei ihm aßen, denn nicht dürfen die Ägypter gemeinsam mit den Hebräern essen, denn das ist ein Greuel für sie.
(33) Und so saßen sie vor ihm: der Reihe nach, wie sie geboren waren, der Erstgeborene zuerst, die Jüngeren danach. Darüber waren sie sehr verwundert miteinander.
(34) Joseph ließ ihnen Essen bringen von seinem Tisch. Benjamin aber bekam fünfmal soviel wie die anderen alle. Dann tranken sie und wurden weinselig mit ihm zusammen.

44

(1) Joseph aber befahl seinem Haushofmeister: »Fülle die Säcke der Männer mit Nahrung, so viel sie tragen können. Lege das Silber eines jeden obenauf in seinen Sack.

(2) Meinen Becher aber, den silbernen Becher, tu obenauf in den Sack des Jüngsten, dazu das Silber seines Getreidekaufs.« Und er tat so, wie Joseph gesagt hatte.

(3) Der Morgen strahlte auf, und die Männer wurden entlassen, sie und auch ihre Esel.

(4) Sie zogen aus der Stadt und waren noch nicht weit entfernt, da sprach Joseph zu seinem Haushofmeister: »Auf, verfolge die Männer! Und wenn du sie erreicht hast sollst du zu ihnen sagen: ›Warum habt ihr Gutes mit Bösem vergolten?

(5) Der Becher ist weg. Dieser, aus dem mein Herr trinkt und in dem er Zeichen deutet. Unheil habt ihr gebracht mit dem, was ihr getan habt.‹«

(6) Als er zu ihnen gekommen war, sprach er zu ihnen diese Worte.

(7) Da sagten sie zu ihm: »Warum spricht mein Herr solche Worte. Das sei ferne, dass deine Knechte solches tun.

(8) Sieh doch, das Silber, das wir in unseren Säcken obenauf gefunden haben, brachten wir zu dir zurück aus Kanaan. Wie sollten wir nun aus dem Hause deines Herrn Silber oder Gold stehlen?!

(9) Bei dem von deinen Knechten er gefunden wird, er soll sterben. Wir aber wollen dann die Sklaven meines Herren werden.«

(10) Er aber sprach: »Nun gut, es sei wie ihr gesagt. Bei dem der Becher gefunden wird, er sei mein Sklave. Ihr aber seid frei von Schuld.«

(11) Ein jeder beeilte sich und stellte seinen Sack auf die Erde und öffnete ihn.

(12) Aber er untersuchte alles, beim Ältesten fing er an, und beim Jüngsten hörte er auf. Er fand den Becher in Benjamins Sack.

(13) Da rissen sie ihr Gewand ein, und ein jeder belud seinen Esel und sie kehrten in die Stadt zurück.

(14) Und es kam Jehuda, auch seine Brüder, in das Haus

Josephs, der noch dort war, und sie fielen vor ihm nieder zur Erde.
(15) Joseph aber sprach zu ihnen: »Was ist das für eine Tat, die ihr mir angetan habt? Habt ihr nicht gewusst, dass ich wahrlich Zeichen deuten kann, ein Mann wie ich?«
(16) Jehudah erwiderte: »Was sollen wir meinem Herren sagen, was reden und wie uns rechtfertigen? Der Gott hat die Schuld deiner Knechte gefunden. Sieh doch, Sklaven wollen wir meinem Herren sein, sowohl wir als auch der, in dessen Hand der Becher gefunden wurde.«
(17) Er sprach: »Nicht doch, solches Tun ist mir fern. Der Mann, in dessen Hand der Becher gefunden worden ist, er sei mein Knecht. Aber ihr zieht hinauf im Frieden zu eurem Vater.«
(18) Da trat Jehudah zu ihm und sprach: »Bitte, mein Herr, gestatte doch deinem Knecht ein Wort vor deinen Ohren und zürne nicht deinem Knecht. Denn du bist wie der Pharao.
(19) Mein Herr frug seine Knechte also: ›Habt ihr einen Vater oder einen Bruder?‹
(20) Wir sagten zu meinem Herren: ›Wir haben einen alten Vater und einen jungen Bruder, ihm geboren in seinem Alter. Aber sein Bruder ist tot, und er ist der einzige Sohn seiner Mutter. Sein Vater liebt ihn sehr.‹
(21) Da sprachst du zu deinen Knechten: ›Bringt ihn zu mir her, dass ich meine Augen auf ihn richte.‹
(22) Wir aber sagten zu meinem Herrn: ›Der Knabe kann seinen Vater nicht verlassen, denn wenn er seinen Vater verlässt, stirbt er.‹
(23) Da sprachst du zu deinen Knechten: ›Wenn euer jüngster Bruder mit euch nicht herabkommt, dann könnt ihr mich nicht wieder sehen.‹
(24) Als wir aber hinaufzogen zu meinem Vater, deinem Knecht, und ihm die Worte meines Herrn erzählten,

(25) da sprach unser Vater: ›Kehrt zurück und kauft für uns ein wenig Speise.‹
(26) Aber wir sagten: ›Wir können nicht hinabziehen. Nur wenn unser jüngster Bruder mit uns kommt, ziehen wir hinab. Denn wir können nicht vor den Mann treten, wenn unser jüngster Bruder nicht bei uns ist.‹
(27) Mein Vater, dein Knecht, sprach zu uns: ›Ihr wisst doch, dass meine Frau mir zwei Söhne geboren hat.
(28) Der eine ist von mir ausgezogen, und ich sprach: Ach, er ist gewiss zerrissen – und ich habe ihn nicht wiedergesehen – bis jetzt.
(29) Aber nehmt ihr mir auch noch diesen weg und es würde ihm ein tödliches Unglück begegnen, dann würdet ihr mein graues Haupt im Leid hinabbringen in das Totenreich.‹
(30) Das heißt nun: Wenn ich zu meinem Vater, deinem Knecht, komme und der Knabe ist nicht bei uns, wo doch seine Seele mit der seinen verknotet ist,
(31) dann wird es so sein, wenn er sieht, dass der Knabe nicht da ist, wird er sterben. So haben deine Knechte das graue Haupt deines Knechtes, unseres Vaters, vor Kummer in das ›Land ohne Wiederkehr‹ gebracht.
(32) Wahrlich aber, dein Knecht hat für den Knaben gebürgt bei meinem Vater also: Wenn ich ihn nicht zurückbringe zu dir, so bin ich alle Tage sündig vor meinem Vater.
(33) Darum nun: Lass doch mich, deinen Knecht, anstatt des Knaben bei dir bleiben als Sklave meines Herren. Der Knabe aber ziehe hinauf mit seinen Brüdern.
(34) Denn wie könnte ich hinaufziehen zu meinem Vater, und der Knabe ist nicht bei mir!? Ich will das Unglück nicht mit ansehen, das meinen Vater trifft.«

45 (1) Da konnte Joseph sich nicht mehr beherrschen vor allen, die um ihn standen, und er rief: »Lasst alle herausgehen von mir.« Da blieb keiner bei ihm stehen, als Joseph sich seinen Brüdern zu erkennen gab.

(2) Und Joseph weinte laut, die Ägypter hörten es, sogar im Haus des Pharao auch.

(3) Joseph sprach zu seinen Brüdern: »Ich bin Joseph. Lebt euer Vater noch?« Aber seine Brüder konnten ihm nicht antworten, vielmehr standen sie vor ihm bestürzt da.

(4) Da sprach Joseph zu seinen Brüdern: »Kommt heran zu mir«, und sie traten heran. Er sprach: »Ich bin Joseph, euer Bruder, ihr habt mich nach Ägypten verkauft.

(5) Nun aber, seid nicht bekümmert, und eure Augen müssen nicht darüber entbrennen, dass ihr mich hierher verkauft habt. Denn zur Lebenserhaltung hat mich Gott vor euch hergeschickt.

(6) Denn es ist so: Zwei Jahre ist die Hungersnot im Land und es wird noch fünf Jahre dauern, in denen kein Pflügen und Ernten sein wird.

(7) Darum hat mich Gott vor euch hergesandt, um euch im Lande zu bewahren und euch am Leben zu erhalten – durch wunderbare Rettung.

(8) Das heißt nun: Ihr habt mich nicht hierhergeschickt, sondern die Gottheit. Er hat mich zum Vater von Pharao gesetzt und zum Herren für sein ganzes Haus und zum Versorger für das ganze Land Ägypten.

(9) Beeilt euch, zieht hinauf zu meinem Vater und sprecht zu ihm: ›So spricht Joseph, dein Sohn: Gott hat mich gesetzt zum Herren über ganz Ägypten, komm herab zu mir, zögere nicht.

(10) Du kannst wohnen im Lande Goschen, und du wirst nahe bei mir sein, du und deine Söhne und deine Enkelkinder, dazu dein Kleinvieh, deine Rinder und alles, was dir gehört.

(11) Ich will dich versorgen, denn die Hungersnot dauert noch fünf Jahre, damit du nicht deinen Besitz verlierst, du, dein Haus und alles, was dir gehört.‹
(12) Und da! Eure Augen sehen es und die Augen meines Bruders Benjamin, dass mein Mund zu euch redet.
(13) Und erzählt meinem Vater von all meiner Herrlichkeit in Ägypten und alles, was ihr gesehen habt. Beeilt euch und bringt meinen Vater hierher herab.«
(14) Und er fiel seinem Bruder Benjamin um den Hals, und er weinte. Und Benjamin weinte auch an seinem Hals.
(15) Und er küsste alle seine Brüder und weinte an ihnen. Danach redeten seine Brüder mit ihm.
(16) Und die Nachricht verbreitete sich im Hause Pharaos so: »Gekommen sind Josephs Brüder!« Der Pharao und seine Knechte fanden es gut so.
(17) Der Pharao sagte zu Joseph: »Sprich zu deinen Brüdern: So sollen sie handeln, beladet eure Tiere, geht los und kommt in das Land Kanaan.
(18) Und dann nehmt euren Vater und eure Familien und kommt zu mir. Und ich will euch geben ein schönes Stück Land vom Land Ägypten, und vom Besten des Landes sollt ihr essen.
(19) Und du bist dafür verantwortlich, dass sie so handeln, nehmt euch vom Lande Ägypten für eure kleinen Kinder und eure Frauen und nehmt euren Vater und kommt.
(20) Und es muss euch nicht leid sein um eure Gerätschaften, denn das Beste von ganz Ägypten gehört euch.«
(21) Die Söhne Jisraels taten so, und Joseph gab ihnen Wagen auf Befehl des Pharao, und er gab ihnen Proviant für die Reise.
(22) Einem jeden von ihnen gab er ein Festgewand, Benjamin aber gab er dreihundert Silberstücke und fünf Festgewänder.

(23) Und seinem Vater schickte er dies: zehn Esel, beladen mit den besten Gütern Ägyptens, und zehn Eselinnen, beladen mit Getreide, Korn und Brot und Speise für die Reise.
(24) Dann ließ er seine Brüder ziehen, und sie gingen davon. Da ermahnte er sie: »Streitet nicht unterwegs!«
(25) Sie aber zogen von Ägypten hinauf und kamen in das Land Kanaan zu ihrem Vater Jaakob.
(26) Und sie kündeten ihm: »Joseph lebt noch!« Und dass er Versorger ist von ganz Ägyptenland. Aber Jaakobs Herz blieb kalt, denn er glaubte ihnen kein Wort.
(27) Aber sie erzählten ihm das, was Joseph ihnen gesagt hatte – da sah er die Wagen, die Joseph gesandt hatte, um ihn aufzunehmen – da belebte sich der Lebensgeist ihres Vaters Jaakob.
(28) Und Jisrael sprach: »Großartig, Joseph lebt noch. Ich will gehen und ihn sehen, bevor ich sterbe.«

46

(1) Und Jisrael und all die Seinen brachen auf und kamen nach Beerscheva, und er brachte dort Opfer dar, dem Gott seines Vaters Jizchak.
(2) Da sprach Gott zu Jisrael in einem Nachtgesicht und sagte: »Jaakob, Jaakob!« Der antwortete: »Hier, siehe mich.«
(3) Da sprach er: »Ich bin Gott, der Gott deines Vaters, fürchte dich nicht, nach Ägypten hinabzuziehen, denn ich will dich dort zu einem großen Volk werden lassen.
(4) Ich gehe mit dir nach Ägypten hinab, und ich werde dich auch wieder herausführen. Aber Joseph wird seine Hand auf deine Augen legen.«
(5) Da verließ Jaakob Beerscheva. Die Söhne Jisraels setzten ihren Vater Jaakob und ihre kleinen Kinder und ihre

Frauen in die Wagen, die Pharao ihnen geschickt hatte, ihn aufzunehmen.
(6) Sie führten ihre Herden und ihren Besitz, den sie in Kanaan erworben hatten, mit sich und kamen nach Ägypten, Jaakob und mit ihm alle seine Nachkommen.
(7) Seine Söhne und die Söhne seiner Söhne mit ihm, seine Töchter und die Töchter seiner Söhne und alle seine Nachkommen, die führte er mit sich nach Ägypten.
(8) Und dies sind die Namen der »Söhne Jisraels«, die nach Ägypten kamen, Jaakob und seine Söhne. Der Erstgeborene Jaakobs ist Ruben.
(9) Das sind die Söhne Rubens: Chanoch, Pallu, Chezron und Karmi.
(10) Die Söhne Schimons sind diese: Jemuel, Jamin, Ohad, Jachin, Zochael und Schaul, der Sohn der Kanaanäerin.
(11) Die Söhne Levis sind: Gerschon, Kehat und Merari.
(12) Und das sind die Söhne von Jehudah: Er, Onan, Schelah, Perez und Serach. Aber Er und Onan starben im Land Kanaan; Perez' Söhne aber sind: Chezron und Chamul.
(13) Nun die Söhne Jissachars: Tola, Puwwah, Job und Schimron.
(14) Und die Söhne Sebulons sind: Sered, Elon und Jachleel.
(15) Diese sind die Söhne Leahs, die Jaakob geboren wurden in Paddan Aram und seine Tochter Dinah. Alle seine Söhne und Töchter sind zusammen dreiunddreißig.
(16) Nun die Söhne von Gad: Zifjon, Chaggi, Ezbon, Eri, Arodi und Areli.
(17) Die Söhne von Ascher sind: Jimnah, Jischwah, Jischwi, Beriah, dazu ihre Schwester Serach und die Söhne Beriahs: Chever und Malkiel.
(18) Dies sind die Söhne Silpahs, die Laban seiner Tochter Leah gegeben hat. Und diese sechzehn Kinder wurden dem Jaakob geboren.

(19) Die Söhne Rachels, der Frau Jaakobs, sind Joseph und Benjamin.
(20) Menasche und Ephrajim wurden Joseph in Ägypten geboren, ihm geboren von Asenath, der Tochter Poti Feras, des Priesters von On (Heliopolis).
(21) Und dies sind die Söhne Benjamins: Bela, Becher, Aschbel, Gera, Naaman, Echi, Rosch, Muppim, Chuppim und Ard.
(22) Dies sind die Kinder und Kindeskinder, die Jaakob geboren wurden, insgesamt vierzehn.
(23) Und ein Sohn von Dan ist Chuschim.
(24) Die Söhne Naphtalis sind: Jachzeel, Guni, Jezer und Schillem.
(25) Dies sind die Söhne und Enkel von Bilhah, die Laban seiner Tochter Rachel gegeben hat, insgesamt sieben Nachkommen Jaakobs.
(26) Alle, die mit Jaakob nach Ägypten kamen und seine Nachkommen sind, außer den Frauen seiner Söhne, sie alle sind sechsundsechzig.
(27) Dazu die zwei Söhne Josephs, die ihm in Ägypten geboren wurden, so dass das »Haus Jaakobs«, das nach Ägypten kam, siebzig Personen umfasste.
(28) Jaakob aber sandte Jehudah voraus zu Joseph, um den Weg nach Goschen zu erkunden, und sie kamen in das Gebiet von Goschen.
(29) Da spannte Joseph seinen Wagen an und fuhr seinem Vater Jisrael entgegen nach Goschen. Und als er ihn sah, fiel er ihm um den Hals und weinte lange.
(30) Dann sprach Jisrael zu Joseph: »Nun kann ich beruhigt sterben, nachdem ich dein Angesicht gesehen habe – denn du lebst noch.«
(31) Joseph sprach zu seinen Brüdern und der Familie seines Vaters: »Ich will gehen zu Pharao, ihm berichten und sagen: Meine Brüder und die ganze Familie meines Vaters sind aus dem Lande Kanaan zu mir gekommen.

(32) Die Männer sind Hirten und treiben Viehzucht. Ihre Schafe, Ziegen und Rinder und all das Ihre haben sie mitgebracht.
(33) Dann wird Pharao euch rufen und euch fragen: ›Was ist euer Tun?‹
(34) Ihr sollt dann sagen: ›Deine Knechte treiben Viehzucht von unserer Jugend bis jetzt, wie auch wir, so auch unsere Väter.‹ Damit ihr wohnen könnt im Gebiet von Goschen, denn die Ägypter haben vor allen Hirten eine Abscheu.«

47

(1) Joseph ging und erzählte dem Pharao Folgendes: »Mein Vater und meine Brüder, ihr Kleinvieh und ihr Rindvieh mit allem, was sie haben, sind aus dem Land Kanaan gekommen. Und sie sind im Land Goschen.«
(2) Und er nahm fünf seiner Brüder und stellte sie dem Pharao vor.
(3) Da fragte der Pharao seine Brüder: »Was ist euer Tun?« Sie sprachen zum Pharao: »Kleinviehhirten sind deine Knechte, so wie wir, waren es auch unsere Väter.«
(4) Und sie sprachen zu Pharao: »Als Gäste im Land sind wir gekommen, denn es gibt keine Weide für die Kleinviehherde deiner Knechte, denn groß ist die Hungersnot im Lande Kanaan. Aber jetzt möchten deine Knechte gerne im Land Goschen leben.«
(5) Da redete der Pharao also zu Joseph: »Dein Vater und deine Brüder sind zu dir gekommen.
(6) Das Land Ägypten: vor dir liegt es. Im Besten des Landes lass deinen Vater und deine Brüder wohnen. Sie können im Lande Goschen wohnen. Und wenn du unter ihnen fähige Männer weißt, dann setze sie als Aufseher über meine Herden ein.«

(7) Und Joseph brachte seinen Vater Jaakob vor Pharao – und Jaakob segnete den Pharao.
(8) Der Pharao fragte Jaakob: »Wie viele Jahre zählt dein Leben?«
(9) Jaakob antwortete dem Pharao: »Einhundertdreißig Jahre bin ich ein Gast auf Erden, gering und schwer waren die Jahre meines Lebens, und sie reichen nicht an die Lebenszeit meiner Vorfahren heran, als sie Gast auf Erden waren.«
(10) Dann segnete Jaakob den Pharao und ging davon.
(11) Joseph ließ seinen Vater und seine Brüder siedeln und gab ihnen Landbesitz in Ägypten, vom Besten des Landes im Gebiet von Ramses, wie der Pharao befohlen hatte.
(12) Joseph versorgte seinen Vater und seine Brüder und die ganze Familie seines Vaters, Brot genug für alle Kinder.
(13) Aber es gab kein Brot mehr in der ganzen Welt, denn die Hungersnot war sehr groß, und sowohl Ägypten als auch Kanaan verschmachteten vor Hunger.
(14) Aber Joseph sparte alles Geld, was in Ägypten und Kanaan vorhanden war, durch das Getreide, das sie kauften, und verwahrte es im Hause des Pharao.
(15) Aber als das Geld in Ägypten und in Kanaan ausgegangen war, da kamen die Ägypter zu Joseph und klagten: »Gib uns Brot, oder sollen wir vor dir sterben – denn unser Geld ist alle.«
(16) Da sprach Joseph: »Bringt eure Viehherden, dann will ich euch geben für euren Besitz, wenn das Geld alle ist.«
(17) Da brachten sie ihren Viehbesitz zu Joseph, und er gab ihnen Brot für die Pferde, die Kleinviehherden, die Rinderherden und die Esel. Er versorgte sie mit Brot durch den Aufkauf ihres Besitzes in jenem Jahr.
(18) Als aber das Jahr zu Ende gegangen war, kamen sie im zweiten Jahr und sprachen zu ihm: »Wir können es meinem Herren nicht verbergen, dass unser Geld alle ist,

und unser Viehbestand ist bei meinem Herren; wir haben nichts übrig behalten vor meinem Herrn – außer unseres Leibes und unseres Ackerbodens.
(19) Warum sollen wir zugrunde gehen vor deinen Augen, sowohl wir als auch unser Ackerland? Kauf uns und unseren Acker für Brot. Dann wollen wir und unser Ackerland dem Pharao gehören. Aber du gib uns Aussaat, damit wir leben und nicht sterben und das Ackerland nicht verödet.«
(20) Da kaufte Joseph das ganze Ackerland Ägyptens für Pharao, denn alle Ägypter verkauften ihre Felder, denn sie litten schwer unter dem Hunger. So wurde das Land dem Pharao eigen.
(21) Das Volk aber verbrachte Joseph in die Städte von der einen Grenze bis zur anderen.
(22) Nur den Ackerboden der Priester erwarb er nicht, denn es gab ein Sondergesetz für die Priester vom Pharao, und sie aßen nach ihrem Recht, das ihnen der Pharao gewährt hatte. Darum mussten sie ihren Ackerboden nicht verkaufen.
(23) Joseph aber sprach zum Volk: »Da, ich habe euch und euer Ackerland heute für Pharao erworben, da ist für euch Saatgut, besät den Acker.
(24) Aber es wird so sein: Vom Ertrag der Ernte werdet ihr den fünften Teil dem Pharao geben. Vier Teile verbleiben euch zur Aussaat auf dem Feld und als eure Nahrung, auch für eure Familien und als Speise für eure Anbefohlenen.«
(25) Da sprachen sie zu ihm: »Du hast uns am Leben erhalten. Wir wollen Gnade finden in den Augen meines Herren und wollen Sklaven des Pharao sein.«
(26) Dies erhob Joseph zum Gesetz, bis auf diesen Tag, über das Ackerland Ägyptens: »Für den Pharao der fünfte Teil vom Ertrag.« Nur der Priester Ackerboden allein wurde nicht dem Pharao eigen.

(27) Jisrael aber wohnte im Lande Ägypten, im Gebiet von Goschen. Sie erfassten Besitz darin, sie waren fruchtbar und vermehrten sich sehr.

(28) Jaakob lebte im Lande Ägypten siebzehn Jahre und seine Tage und die Jahre seines Lebens waren einhundertsiebenundvierzig Jahre.

(29) Als nun für Jisrael die Tage zum Sterben nahten, rief er seinen Sohn Joseph und sprach zu ihm: »Lass mich doch Gnade finden in deinen Augen. Lege doch deine rechte Hand an meine Hüfte, übe an mir Liebe und Treue, begrabe mich nicht in Ägypten.

(30) Wenn ich versammelt werde bei meinen Vätern, dann nimm mich hinauf aus Ägypten und begrabe mich in ihren Gräbern.« Joseph sprach: »Ich handle nach deinem Wort.«

(31) Er aber sprach: »Schwör es mir«, und er schwor es ihm. Da neigte sich Jisrael zum Kopfende des Bettes.

48

(1) Es geschah nach diesen Ereignissen. Man sprach zu Joseph: »Dein Vater ist krank.« Da nahm er mit sich seine beiden Söhne, Menasche und Ephrajim.

(2) Da wurde Jaakob berichtet: »Dein Sohn Joseph kommt zu dir.« Da nahm sich Jisrael zusammen und setzte sich im Bett auf.

(3) Jaakob sprach zu Joseph: »Der allernährende Gott (El Schaddaj) ist mir erschienen in Luz, im Lande Kanaan, und hat mich gesegnet.

(4) Er sprach zu mir: ›Ich mache dich fruchtbar und vermehre dich und setze dich zu einer Versammlung von Völkern und gebe dir dieses Land, und deinen Nachkommen gebe ich Besitz auf Weltzeit.‹

(5) Aber jetzt: Deine beiden Söhne sind groß geworden im Land Ägypten, bevor ich zu dir nach Ägypten kam, zu mir sollen sie gerechnet werden, Ephraijim und Menasche – wie Ruben und Schimon seien sie die meinen.
(6) Aber deine Kinder, die du nach ihnen zeugen wirst, sollen die deinen sein, zum Namen ihrer Brüder sollen sie gerechnet werden in ihrem Erbteil.
(7) Aber während ich von Paddan kam, starb mir Rachel im Lande Kanaan, auf dem Weg, da es noch eine Wegstrecke bis nach Ephrat war, und ich begrub sie da auf dem Weg nach Ephrat, das ist Bethlehem.«
(8) Da erblickte Jisrael die Söhne Josephs und fragte: »Wer sind die?«
(9) Joseph sprach zu seinem Vater: »Meine Söhne sind sie, die mir Gott hier gegeben hat.« Da sprach er: »Bring sie zu mir, damit ich sie segne.«
(10) Jisraels Augen aber waren schwer geworden, wegen des Alters, und er vermochte nicht mehr gut zu sehen. Joseph führte seine Söhne zu seinem Vater, der küsste sie und umarmte sie.
(11) Jisrael sprach zu Joseph: »Dein Gesicht zu sehen habe ich nicht geahnt, aber jetzt lässt mich Gott sogar deine Söhne sehen.«
(12) Und Joseph führte sie weg von Jaakobs Knien, und sie verneigten sich vor ihm zur Erde.
(13) Joseph nahm die beiden, Ephrajim mit seiner Rechten zur linken Jisraels und Menasche mit der linken Hand zur rechten Hand Jisraels, und führte sie nah an ihn heran.
(14) Jisrael aber legte seine rechte Hand auf Ephrajims Haupt, der aber der jüngere war, und seine linke Hand auf den Kopf von Menasche, seine Hände überkreuzend, denn Menasche war der Erstgeborene.
(15) So segnete er »Joseph« und sprach: »Der Gott, mit dem meine Väter eng verbunden gegangen sind, Abra-

ham und Jizchak, der Gott hat auch mich behütet von einst bis auf diesen Tag.

(16) Der Engel, der mich erlöst hat aus allem Übel, der segne auch die Knaben, und es werde über sie mein Name gerufen und der Name meiner Väter Abraham und Jizchak, und sie sollen zahlreich werden inmitten des Landes.«

(17) Als Joseph aber sah, dass sein Vater seine rechte Hand auf das Haupt Ephrajims gelegt hatte, da missfiel es ihm und er hielt die Hand seines Vaters fest, um sie wegzutun vom Haupt Ephrajims auf den Kopf Menasches.

(18) Und Joseph sprach zu seinem Vater: »Nicht so, mein Vater, denn dieser ist der Erstgeborene, lege deine Rechte auf sein Haupt.«

(19) Sein Vater aber weigerte sich und sprach: »Ich weiß, mein Sohn, ich weiß, auch er wird zu einem Volk, auch er wird groß sein, allerdings aber wird sein jüngerer Bruder größer sein als er, und seine Nachkommen werden nach Völkern genannt.«

(20) Und so segnete er sie an jenem Tag also: »Mit dir wird sich Jisrael also segnen: Gott mache dich wie Ephrajim und Menasche.« So setzte Jaakob Ephrajim vor Menasche.

(21) Dann sprach Jisrael zu Joseph: »Ich werde bald sterben, aber Gott wird mit euch sein, und er wird euch zurückbringen in das Land eurer Väter.

(22) Ich aber gebe dir Schechem, einzig dir vor deinen Brüdern, was ich erworben habe von den Amoritern mit meinem Schwert und meinem Bogen.«

49

(1) Jaakob rief seine Söhne herbei und sprach: »Versammelt euch, denn ich will euch verkünden, was euch begegnen wird in der Späte der Tage.

(2) Tretet zusammen und hört zu, Söhne Jaakobs, und hört auf Jisrael, euren Vater.
(3) Ruben, mein Erstgeborener, du bist meine Kraft, der Erste meiner Zeugungskraft, voller Stolz und voller Macht,
(4) übersprudelnd wie Wasser – aber du sollst keinen Vorzug haben, denn du hast das Lager deines Vaters bestiegen, damit hast du es entweiht! Mein Bett hat er bestiegen.
(5) Schimon und Levi, ihr Brüder, Waffen und Gewalt sind eure Schwerter.
(6) In ihrer Beratung hat meine Seele keinen Platz und ihrer Versammlung schließt sich meine Ehre nicht an, denn in ihrem Zorn erschlugen sie Männer, und in ihrem Übermut vertrieben sie Vieh.
(7) Verflucht sei ihr Zorn, der sehr mächtig ist, und ihr Hochmut, der so hart ist. Ich will sie verteilen in Jaakob und ich will sie zerstreuen in Jisrael.
(8) Jehudah, du bist's! Anerkennen werden dich deine Brüder, deine Hand wird auf dem Nacken deiner Feinde sein. Vor dir werden sich die Söhne deines Vaters verbeugen.
(9) Ein echter Löwe ist Jehudah! Vom Raube bist du, mein Sohn, aufgestiegen. Er kauert, er lauert wie ein Löwe und wie eine Löwin. Wer schreckte ihn auf?
(10) Von Jehudah wird das Zepter nicht weichen, noch der Herrscherstab von seinen Füßen, bis er nach Schilo kommt – und ihm werden die Stämme huldigen.
(11) An den Weinstock bindet er sein Füllen, und das Füllen seiner Eselin an den Rebstock. Im Wein wäscht er sein Gewand und im ›Blut der Trauben‹ seinen Mantel.
(12) Dunkler als Wein sind die Augen und weißer als Milch die Zähne.
(13) Sebulon, am Strand des Meeres wird er wohnen, und zwar an der Küste der Schiffe; seine Flanke berührt das Gebiet von Sidon.
(14) Jissachar ist ein knochiger Esel, der zwischen den Hürden lagert.

(15) Er erkannte den Vorteil der Ruhestätte, und er sah die liebliche Landschaft – da beugte er seine Schulter, um Lasten zu tragen, und wurde ein Fronknecht.
(16) Dan wird sein Volk richten, wie nur einer die Stämme Jisraels richten kann.
(17) Dan wird wie eine Schlange auf dem Weg sein und wie eine Natter auf dem Pfad, die das Pferd in die Ferse beißt, so dass sein Reiter rücklings herabfällt.
(18) Auf deine Befreiung hoffe ich, DU!
(19) Räuber bedrängen ihn, aber letztlich beraubt er.
(20) Ascher, eine Köstlichkeit ist sein Brot, und er vergibt königliche Leckereien.
(21) Naphtali ist eine ausgestreckte Hirschkuh, die wohlklingende Laute ausstößt.
(22) Ein Schöner ist Joseph, ein Schöner – mehr als je Augen gesehen. Die Mädchen kommen herbei, nach ihm zu schauen.
(23) Aber sie verbitterten ihn und schossen auf ihn, und sie waren wütend auf ihn – die Bogenschützen.
(24) Aber sein Bogen stand fest, und die Kraft seiner Hände wuchs – von den Händen des gewaltigen Jaakobs, von dort, wo der Hirt ist, der (Edel-)Stein Jisraels.
(25) Von dem Gott deines Vaters – er möge dir helfen – und dem Allernährer – er möge dich segnen. Mit Segnungen des Himmels, von oben, mit Segnungen des Abgrundes, der sich unten erstreckt, mit Segnungen der Brüste und des Mutterschoßes.
(26) Die Segnungen deines Vaters übersteigen die Segnungen (meiner Eltern) der Berge, in der Schönheit der ewigen Hügel. Diese Segnungen sollen kommen auf den Kopf Josephs, auf das Haupt des Geweihten unter seinen Brüdern.
(27) Benjamin ist ein reißender Wolf. Am Morgen frisst er Raub, und am Abend verteilt er Beute.«
(28) Diese alle sind die zwölf Stämme Jisraels. Und dies

ist's, was ihr Vater zu ihnen geredet hat. Er hat sie gesegnet, einen jeden mit seinem Segen, so hat er sie gesegnet.
(29) Er befahl ihnen und sprach: »Ich fürwahr werde versammelt zu meinem Volk (meiner Familie), begrabt mich bei meinen Vätern, in der Höhle, die auf dem Feld Ephrons des Hethiters ist.
(30) In der Höhle, die auf dem Felde Machpelah ist, das liegt gegenüber von Mamre, im Lande Kanaan, die Abraham gekauft hat mitsamt des Feldes von Ephron, des Hethiters, zum Erbbegräbnis.
(31) Dort sind begraben Abraham und seine Frau Sarah, dort sind begraben Jizchak und Rivkah, seine Frau, und dort habe ich Leah begraben.
(32) Erworbener Besitz des Feldes und der Höhle darauf von den Hethitern.«
(33) Als Jaakob mit seinen Befehlen an seine Söhne fertig war, zog er seine Füße zurück auf das Bett und verschied. Er wurde versammelt zu seiner Familie (zu seinem Volk).

50

(1) Und Joseph beugte sich über das Angesicht seines Vaters und weinte über ihm und küsste ihn.
(2) Joseph befahl seinen Sklaven, den Ärzten, seinen Vater einzubalsamieren. Die Ärzte balsamierten Jisrael ein.
(3) Darüber vergingen vierzig Tage, denn so lange dauert das Balsamieren. Die Ägypter beweinten ihn siebzig Tage.
(4) Als die Tage des Beweinens vorüber waren, sprach Joseph zu den Verantwortlichen im Haus Pharaos: »Möge ich doch Gnade finden in euren Augen, dann sprecht doch vor den Ohren des Pharaos:
(5) ›Mein Vater hat mich Folgendes schwören lassen: Ich werde bald tot sein, in meinem Grab, das ich mir berei-

tet habe im Lande Kanaan, dort sollst du mich begraben. Und nun, lass mich doch hinaufziehen und ich will meinen Vater begraben. Dann komme ich gewiss zurück.'«

(6) Der Pharao antwortete: »Zieh hinauf und begrabe deinen Vater so, wie er dich schwören ließ.«

(7) Da zog Joseph herauf, um seinen Vater zu begraben. Und mit ihm zogen alle »Knechte Pharaos«, die Ältesten seines Hauses und alle Ältesten Ägyptens.

(8) Auch das ganze Haus Josephs und seine Brüder und die Familie seines Vaters. Nur ihre Kinder, ihr Kleinvieh und ihre Rinder blieben im Gebiet von Goschen zurück.

(9) Mit ihm zogen auch Wagen und Reiter. Es war ein sehr großer Trauerzug.

(10) Und sie kamen nach Goren-Atad, das jenseits des Jordans liegt. Dort hielten sie eine große und gewaltige Totenklage. Und die Trauer um seinen Vater dauerte sieben Tage.

(11) Die Kanaanäer, die Einwohner des Landes sahen die Trauer in Goren-Atad und sprachen: »Eine schwere Trauer ist dies für Ägypten.« Daher nannte man den Ort Abel-Mizrajim (Trauer Ägyptens), das jenseits des Jordan liegt.

(12) Und seine Söhne taten so, wie er ihnen befohlen hatte:

(13) Seine Söhne brachten ihn in das Land Kanaan, und sie begruben ihn in der Höhle des Feldes Machpelah, die Abraham erworben hatte mitsamt des Feldes zum Erbbegräbnis von Ephron, dem Hethiter, gegenüber von Mamre.

(14) Dann kehrte Joseph nach Ägypten zurück, er und seine Brüder und alle, die mit ihm gezogen waren, um seinen Vater zu begraben, nachdem er seinen Vater begraben hatte.

(15) Als nun die Brüder Josephs begriffen, dass ihr Vater tot war, sprachen sie: »Wenn nun Joseph uns grollt und er auf uns zurückbringt, all das Böse, was wir ihm angetan haben!«

(16) Da entboten sie Joseph also: »Dein Vater hat vor seinem Tode so befohlen:
(17) ›So sollt ihr zu Joseph sprechen: Ach, vergib doch das Verbrechen deiner Brüder und ihre Sünde, denn Böses haben sie dir angetan. Aber jetzt, vergib das Verbrechen der Knechte des Gottes deines Vaters!‹« Joseph aber weinte bei ihrer Rede.
(18) Da kamen seine Brüder zu ihm und fielen vor ihm nieder und sprachen: »Wir sind deine Knechte.«
(19) Zu ihnen sprach Joseph: »Fürchtet euch nicht, denn: Bin ich an Gottes statt!?
(20) Ihr habt geplant wider mich Böses, Gott aber hat es ›umgeplant‹ zum Guten, damit geschehe, was am Tag ist: um am Leben zu erhalten ein großes Volk.
(21) Nun aber, fürchtet euch nicht, ich will euch versorgen und eure Kinder.« Und er tröstete sie und redete zu ihrem Herzen.
(22) Joseph wohnte in Ägypten, er und die Familie seines Vaters, und er lebte einhundertzehn Jahre.
(23) Joseph sah die Söhne Ephrajims bis zur dritten Generation. Auch die Söhne Machirs, des Sohnes Menasches, wurden zu Josephs Familie gerechnet.
(24) Dann sprach Joseph zu seinen Brüdern: »Ich werde sterben, aber Gott wird euch gewiss heimsuchen und euch herausführen aus diesem Land in das Land, das er Abraham, Jizchak und Jaakob gelobt hat.«
(25) Und Joseph beschwor die »Söhne Jisraels«: »Wenn Gott euch heimsucht, dann nehmt meine Gebeine mit von hier.«
(26) Dann starb Joseph im Alter von einhundertzehn Jahren. Man balsamierte ihn ein, und er wurde in einen Sarg gelegt, in Ägypten.

ERLÄUTERUNGEN

Kapitel 1,1–2,3

(1) Der Himmel ist die Bedingung für die Existenz der Erde. Aber die Erde ist das Haus der Schöpfung, d. h. auch der Menschen. Darum steht der Himmel voran. Die Schöpfung, die Welt ist ein Gedicht Gottes! So schaffen kann nur ER. Das hebräische Wort für schaffen heißt BARA und hat immer Gott als handelndes Subjekt; von Menschen wird es niemals ausgesagt. Schöpfer ist Gott allein – der Mensch ist also auch nicht »schöpferisch« oder »kreativ«. Wir können nur mit dem Geschaffenen, dem Zuhandenen umgehen. Im Griechischen wird das hebräische BARA mit Poiein (machen, schaffen, dichten – Poesie) wiedergegeben. Die Welt hat ER con amore geschaffen, also »gedichtet«. Die größte theologische Schwierigkeit bereitet der Anfang, das erste Wort: hebräisch »Bereschit«; Reschit heißt Anfang, Beginn. Die Präposition kann mit im oder am übersetzt werden. Also: »Im Anfang« oder »Am Anfang«. Mit IM wird mehr der Verlauf betont, mit AM mehr der feste Punkt, vor dem »Nichts« war. Das bedeutet theologisch: »Im Anfang« lässt eher ein vor und nach denken: Gott ist vor der Welt, ER musste sie nicht schaffen. Die Welt wird so das Werk seines Wollens, also seiner Liebe. »Am Anfang« lässt ein Vorher kaum zu: D. h. ER braucht die Schöpfung als Gegenüber, Gott kann nicht allein sein; ohne Welt ist kein Gott zu denken. Beide Übersetzungen hoffen darauf, dass Gott die Welt, seine Schöpfung, erhält und ihre Zerstörung nicht zulassen wird, a) weil ER liebt, b) weil ER muss.

Die Wendung »zu Beginn« lässt beide Varianten zu.

(2) Vers 2 ist der Versuch, die Nicht-Welt als unbelebbar zu beschreiben, denn Schöpfung war noch nicht. Es ist

nicht der tröstende, bergende oder bewahrende »Geist Gottes« gemeint, sondern Sein Sturmbraus, der das Durcheinander vor Seinem schaffenden und ordnenden Wort noch größer macht. Erst Sein Wort lässt Welt werden.

(3) Mit zehn Worten schafft Gott seine und unsere Schöpfung. [Er zeigt den Menschen ihr Haus, und als sie am Abend wiederkommen, fragt ER: Na, gefällt sie euch, meine Welt? Die Menschenkinder sind entzückt und strahlen. Dann, spricht ER, macht sie mir nicht kaputt, ich habe nur diese. Später gibt Gott zehn Worte, den Dekalog, die zehn Gebote zum ABC des Menschenbenehmens. Antworten soll der Mensch mit einem zehnfachen Lobpreis auf Gottes Tun, so Psalm 150.]

(10) Die »Sammlung« der Wasser heißt hebräisch »Mikweh«, das ist der Name für das traditionelle und rituelle Tauchbad in der jüdischen Gemeinde geworden. Besonders wichtig ist diese Reinigung vor Beginn des Sabbats. So ist im Wort der Mikweh dieser Tag fest verbunden mit der Schöpfung: Ist doch der Sabbat der Schöpfung Ziel und Vorfreude auf Seine Herrlichkeit.

(26) Dieser göttliche Plural (uns/wir) kommt noch dreimal in der Schrift vor: Gen 3,22 – die Begründung für die Vertreibung aus dem Garten; Gen 11,7 bei der Geschichte von der heilvollen Zerstreuung, genannt der Turmbau zu Babel; Jes 6,8 in der Berufungsvision des Propheten Jesaja. Es sind entscheidende theologische Augenblicke der Heilsgeschichte für die Menschheit, die Schöpfung und Israel. Vielleicht erklärt sich von daher der Gebrauch des Plurals; der Plural der Majestät scheidet ebenso aus wie die heilige Dreifaltigkeit. Oder sollen wir, die Lesenden, daran gemahnt werden, dass es Grenzen des Verstehens gibt – und unsere Erkenntnis der eigenen Beschränktheit Voraussetzung für das »Verstehen der Schrift« ist? Es gibt kein Dominium Terrae, kein Herrschaftsauftrag für den Menschen; vielmehr handelt es sich um eine

Verpflichtung zu Pflege und Sorge. Der Mensch als »Bild Gottes«: Das hebräische Wort für Bild (zelem) entspricht dem akkadischen Wort zalmu, was im Assyrischen auch für den »Grenzstein« gebraucht wird; die assyrischen Könige haben die Gebiete ihrer Herrschaft durch solche aufgerichteten »Bilder« gekennzeichnet. Könnte das bedeuten: Wo ein Mensch ist, wird Gottes Herrschaft und Macht verkündet? D. h. wo wir sind, da ist der große König! Kein Mensch ist allein, denn ein jeder ist der »Ort Gottes«. Die Bibel redet nicht anthropomorph von Gott, sondern theomorph vom Menschen.

(27) Gott schuf den Menschen nicht »als Mann und Frau«, sondern »männlich und weiblich«, d. h. auch die Kinder sind Sein Ebenbild, dies ist der Mensch von Geburt an – man muss nicht erst zum Menschen werden oder noch schlimmer – gemacht werden. Das gilt für jeden Menschen; »jeder Mensch«, das ist Gottes Revolution der Humanität.

(28) Es gibt keinen Menschen außerhalb des Segens Gottes! Kein Mensch kann leben in dieser Welt ohne Seinen Segen. Keiner. Der Mensch soll für die Erde, die Tiere sorgen, sich kümmern und darf die »Welt gebrauchen«, sie aber nicht *miss*brauchen. Des Menschen Herrschaft ist seine Fürsorge. Das von Martin Luther übersetzte »untertan machen« meint ein »verfügbar, bebaubar, ein dienstbar machen«, und das »herrschen über« wird parallel zum »weiden, leiten, führen« als ein »sorgen um« hebräisch gebraucht. So steht der Mensch in der Schöpfung und lebt in ihr für sie.

(29) Als Speise ist den Menschen kein tierisches Fleisch gegeben – nur die Vegetation.

(30) Das gilt auch für die Tiere (!).

(31) Nun betrachtet Gott Seine Schöpfung – und findet sie schön, d. h. die Welt ist nicht ethisch, sondern nur ästhetisch zu rechtfertigen. D. h. wiederum, die Welt war

nie vollkommen, keine vollkommene Schöpfung. Diese steht noch aus und wird im »himmlischen Frieden« zwischen Mensch und Tier in dem großen Sehnsuchtstext von Jes 11,1-10 (»Und es wird ein Reis hervorgehen aus dem Stamm Isais…«, V1) beschrieben. Das hebräische Wort »TOV« heißt meistens »gut«, kann aber auch »schön« heißen; so hat es auch die griechische Septuaginta übersetzt. D.h. an der Schönheit der Schöpfung wird der »Meister aller Schöne« erschaut (Weisheit Salomos 13,5!). Wir bedürfen nur der Augen, diese zu sehen. Falls die Welt je vollkommen und gut war, kann man heute keineswegs mehr behaupten, dass sie gut ist. So könnte nur ein Zyniker reden. Aber: schön ist sie doch! Wir können nicht die Herrlichkeit Gottes schauen, wohl aber die Herrlichkeit seines Tuns: Gottes Schönheit ist in Seinem Werk.

(2,2) Gott hat am siebenten Tag nicht geruht, sondern abgelassen von seinem Werk, das er gemacht hatte. Das Wort »Schabat« meint ein Aufhören mit dem Alltäglichen, also »ablassen« bzw. »feiern«; mit Ruhe hat es nichts zu tun, diese kommt erst durch das »Gebot zum Ruhen« am Sabbat (so Ex 20,8-11 bzw. Dt 5,12-15) hinzu – und in den Text.

(3) Der Infinitiv »um zu handeln« kann durchaus so verstanden werden; so auch in der jüdischen Sabbat-Liturgie »In SEINER Güte erneuert ER täglich das Schöpfungswerk«. Das bedeutet zugleich: Gottes Schöpfung ist nicht zu Ende, Sein Tun in und an dieser Welt wird und muss weitergehen. Erst am Ende wird die Vollendung erreicht. Es gibt keinen Fall. Die Welt, die Schöpfung ist unvollendet, es ist das »Vorrecht der Menschen«, an dieser Vollendung mitzutun und zu ihrer Vollendung beizutragen. Wir haben das Unsere, so gut es gelingt, zu tun. Es gibt die »verbesserliche Welt«.

Kapitel 2,4–3,24

(4) Diese Formel vom Werden (hebr. Toledot) ist immer eine Überschrift zum folgenden Text! Was hier genannt wird, ist die Voraussetzung für die folgende Dichtung; d. h. die Erschaffung von Himmel und Erde wird nicht nochmals erzählt, sondern es geht um die Schöpfung unter dem Himmel auf der Erde. Am deutlichsten ist das in Gen 37,2 zu verstehen: Das ist das Werden (Toledot) Jaakobs. Joseph war siebzehn Jahre alt – und es beginnt die Josephsgeschichte. Diese Toledot-Formel kommt in der Gesesis zehnmal vor (2,4; 5,1; 6,9; 10,1; 11,10; 11,27; 25,12.19; 36,1; 37,2; würde man übrigens das Matthäus-Evangelium hebräisch schreiben, begänne es auch mit dieser Formel). Hier steht zum ersten Mal der heilige Gottesname, das sogenannte Tetragramm (die vier Buchstaben) JHWH. Dieser Name geht wahrscheinlich auf ein Verb zurück und bildet dann einen Satz, allerdings nicht im Hebräischen, sondern im Aramäischen: »Er ist« bzw. »Er wird sein«: die Aussprache könnte dann als »Jahwäh« gelesen werden. Aber der Name wird in der jüdischen Tradition nicht ausgesprochen, das ist schon für die Gemeinde in Qumran (etwa 150 v. Chr.) belegt, ebenso im Neuen Testament. Auch in der griechischen Übersetzung der Septuaginta wird der Name nicht genannt. Stattdessen wird »Adonai« (mein Herr) oder »Schema« (Name) gelesen. In den Übersetzungen steht dafür: Kyrios (griech.), Dominus (lat.) oder bei Martin Luther: HERR; Moses Mendelssohn sagt »der Ewige«, Martin Buber schreibt das Personalpronomen: ER bzw. DU oder ICH. Wenn der Name mit der »Gottungsbezeichnung Gott« (hebr.) »Elohim«, das ist kein (!) Name, verbunden ist, wie in Gen 2,4–3,4, schreibe ich das Personalpronomen ER, ansonsten immer: ER, hochgelobt sei *Sie*, um auch deutlich zu machen: Gott ist kein Mann, auch keine Frau, auch wenn die Gramma-

tik maskuline Formen gebraucht. Auch in der christlichen Tradition wird der Gottesname nicht ausgesprochen; ihn auszusprechen ist kein Zeichen von Bildung, sondern von theologischem Unwissen und eine Missachtung unserer jüdischen Schwestern und Brüder.
(7) Der »Hauch des Lebens«, den Gott in den Menschen gibt, ist nicht der Odem, den alle Lebewesen erhalten müssen, so z. B. Ps 104,29f. Der Odem, den auch die Tiere haben, ist die (der) »Ruch Gottes«, was nur der Mensch als Lebensodem bekommt, heißt »Neschamah«. Diese Neschamah ist der zur Sprache befähigte Odem, sozusagen der »Sprachgeist«, das Vermögen zu sprechen, das außer dem Menschen nur Gott besitzt. In Psalm 150 heißt das: »Alles, was Odem hat, preise den HERRN!« und meint »alle Menschen«.
(8) Gott ist der »große Gärtner«, der seinen Garten nicht nur pflanzt, sondern auch dem Menschen anvertraut; dieser Garten liegt in Eden. Ein Wort, das hebr. »Wonne« bedeutet und ebenso »Liebeslust«. D. h. doch die Begegnung mit Gott muss (darf?) immer auch erotisch gedacht werden.
(10-14) Zwei Ströme, der Pischon und der Gichon, sind auf keiner Landkarte zu finden, sind also mythologisch gemeint, während der Tigris und der Euphrat realer Geographie angehören. D. h. die Mythologie »fließt« in die Wirklichkeit der realen Welt. Wir leben von der Legende, nicht von der Geschichte.
(15) Der Garten gehört Gott, der Mensch soll ihn pflegen. So wird der Mensch zu Gottes Gärtner, es kommt darauf an, seine Schöpfung zu bewahren.
(16 und 17) Gottes Gebot (sein Befehl) ist die Erlaubnis zu gebrauchen, die Freiheit zu wählen – und das Verbot des einen (!) Baumes. Freiheit bewährt sich erst am Verbotenen.
(18) Es gibt keine Humanität ohne Mitmenschen, kein Ich ohne ein Du, es kann ein Mensch nicht Mensch sein ohne den Menschen.

(19 und 20) Die Tiere sind dem Menschen kein Du. Um menschlich leben zu können, ist ein Kanarienvogel nicht genug. Der Mensch bedarf des Menschen.
(21) Gott hat sich geirrt – und erschafft dem Menschen – die Frau. Das Wort »Rippe« bzw. »Seite« kommt nochmals in ähnlicher Funktion »als Gegenüber« beim Tempelbau (1. Kön 6,34) vor: Man muss sich eine Art »Salon-Tür« vorstellen, die zwei Türflügel (Türblätter) hat, fehlt eine Seite, ist die ganze Tür hin und keine Tür mehr. So ist das Bild und die Rede von der »Rippe« gemeint: Ein Ich braucht ein Du und ein Du ein Ich. Hinter beiden steht Gott. Der Mensch ist ein dialogisches Wesen. Leben als Zwiesprache.
(23) Als der Mensch die Frau erkennt, werden Mann und Frau: Menschwerdung durch Liebe.
(24) Das hebr. Wort »basar« heißt »Fleisch, Leib, Körper«, zugleich aber auch »Gespräch, Zwiesprache, Dialog«. Hier ist wohl beides gemeint: Zur Liebe gehören Leiblichkeit und Zwiesprache. Liebe verlangt Berührung und Rede.
(25) In diesem Vers liegt der Schlüssel zu Kap. 3; hier muss man beginnen zu lesen. Sonst versteht man den Humor des Nacktseins und seiner Erkenntnis nicht. Die Menschen haben sich natürlich (!) nicht geschämt, dazu bestand überhaupt kein Anlass. Wichtig ist, sie haben sich nicht beschämt, d. h. nicht ihre Seelen verletzt; sie haben in Liebe gelebt.

Kapitel 3

(1) Die Schlange ist Gottes Geschöpf! Weder Inbegriff des Bösen noch Gottes Gegenspieler und schon gar nicht der Satan! Die Schlange ist nicht listiger, was schon negativ gedacht ist, sondern klüger als die anderen Tiere.
(3) Die Frau verschärft das Gebot (das Verbot); vom Anrühren hatte ER gar nichts gesagt.

(5) Das »exitis sicut Deus« (ihr werdet sein wie Gott) bezieht sich auf die Erkenntnis (und Unterscheidung, die entschieden werden muss) von Gut und Böse. Wie aber und woher weiß ein Mensch was gut bzw. böse ist?! Das ist die Frage.
(6) Mann und Frau sollten auch »ein Gespräch« sein (2,24!) – aber sie reden nicht miteinander! Das hätten sie tun sollen.
(7) Die Frau hatte gegessen, weil sie meinte, die Früchte würden weise machen und Erkenntnis schenken: Sie erkennen nur ihre Nacktheit, die sie schon zuvor hätten wahrnehmen können. Hier verbirgt sich ein hebräisches Wortspiel: »arum« = klug und »erum« = nackt. Die beiden Menschen haben gegessen, nicht an Weisheit zugenommen, aber sie sind nicht gestorben, sie leben, und das »merken« sie nicht. Das wäre eine Erkenntnis gewesen: Leben aus und durch Gnade.
(8) Gott geht nicht spazieren in der Abendkühle! Die Menschen hören seine Stimme, die wie der Abendwind über die Felder streicht und durch die Bäume fährt. Es gibt in der »ganzen Bibel« eine gewichtige Theologie der Stimme Gottes: IHN habt ihr nicht gesehen, aber ihr habt seine Stimme gehört. Darauf kommt es an: Am Sinai hört Israel die Stimme (Ex 19,5/6), ja, »sieht« diese sogar (Dt 5,25), Elija hört diese Stimme (1. Kön 19,12), Samuel (1. Sam 3) und Jesaja aus Babylon (Jes 40,3). Im Neuen Testament wird Gottes Stimme bei Jesu Taufe (Mk 1,11) und auf dem Berg der Verklärung (Mt 17,5) gehört. Der Mensch ist vom Beginn an ein von Gott angesprochenes Gegenüber; der Mensch soll die Stimme hören und antworten mit und in seinem Leben.
(9) Gott fragt nicht danach, wo der Mensch versteckt ist. Vor IHM kann man sich nicht verstecken. Vielmehr bedeutet die Frage: Mensch, wo bist du? Warum bist du, den

ich eingesetzt habe zum Bewahren, nicht auf deinem Posten? Warum hast du versagt?
(12) Der Mensch verteidigt sich nicht, gibt auch keine Verantwortung ab, sondern sagt, wie es war und geschah.
(13) Gott fragt die Frau nicht »warum«, also nach Schuld, sondern »was«, d. h. nach dem Vorgang des Geschehens. Und die Frau antwortet korrekt, denn so ist es gewesen.
(14) Die Schlange wird verflucht, Staub zu fressen. Die Rabbinen aber lehren: Die wahre Strafe ist der Überfluss – Staub gibt es unendlich viel. Es ist der schlimmste Fluch: Am Überfluss zugrunde zu gehen und alles zu haben.
(15) Das ist kein Protevangelium (so Martin Luther: »Hier ist das erste Evangelium«, weil er im »Samen der Frau« Christus verborgen sieht; darum gibt es so viele Darstellungen, wo eine Schlange von Christus zertreten wird; in der katholischen Tradition hat man diesen Vers auf Maria hin ausgelegt!) – hier wird ein ganz natürliches Geschehen beschrieben. Darum ziehe der Mensch Schuhe an.
(16) Die Schwangerschaft ist keine Strafe, vielmehr ein Segen. Die Schmerzen sind »Schmerzen der Seele«. Die Kinder werden nicht in »das Paradies« hineingeboren, sondern in die schöne und furchtbare Welt. Wehmut und Trauer sind Erinnerung an den Garten Eden. Der Mann soll nicht »Herr im Hause« sein, sondern für die Frau Sorge tragen.
(17-19) Nur Adam (nicht der Mensch!) wird bestraft für die Tage seines Lebens, denn ihm allein galt Gottes Befehl.
(20) Der Name Chawwah (Eva) leitet sich wahrscheinlich aus dem Akkadischen »awa« (sum. ama) ab und bedeutet: Mutter; das ist eine Auszeichnung für die Frau – durch ihren Mann.
(22-24) Die Menschen werden nicht aus dem Garten Eden vertrieben, weil sie gegessen haben, sondern damit

sie nicht essen vom Baum des Lebens. Von einem »Sündenfall« ist hier überhaupt keine Rede. Vielmehr erhalten die Menschen den Auftrag, die Ackererde zu bebauen. Das ist das »große Abenteuer des Lebens«: lieben, Kinder zeugen und bewahren, Korn und Wein anbauen – und die Erde nicht zu missbrauchen.

Kapitel 4

(1) Chawwah (Eva) weiß, wem sie ihren Sohn zu verdanken hat: Mit »dem Mann« ist Kajin gemeint, denn Kinder sind eine Gabe Gottes; sie werden in Liebe und Lust gezeugt – von IHM aber, hochgelobt sei Sie, geschenkt. Das gilt für alle Kinder der Welt. Hier wird zum ersten Mal Gott mit seinem unaussprechlichen Namen JHWH angeredet. Von der Frau, die IHM ihren Sohn verdankt.
(4) Das Wort »auch« zeigt an, dass »auch« Kajin die besten Gaben opferte, nicht etwa minderwertige! D. h. Gottes Verhalten kann nicht mit einem möglichen Fehlverhalten Kajins begründet werden. Gott ist frei in seinem Verhalten, von Gnade (so Martin Luther: »Und der HERR sah gnädig an Abel und sein Opfer«) ist nicht die Rede.
(7) Kajin soll den Zorn nicht in sein Herz lassen, er hat kein Anrecht auf Gottes Zuwendung. Kajin aber hält Gottes Tun nicht aus.
(8) Wir erfahren nicht, worüber die Brüder geredet haben. Auch wird nicht gesagt, dass »Gottes Ansehen« der Grund für Kajins Tat ist: Im geschriebenen Text steht davon nichts. Kajin tötet seinen Bruder. War es Mord, war es Totschlag, gar ein Affekt? Wir wissen es nicht.
(9) Gottes Rede ist eindeutig: Der Mensch soll seines Bruders Hüter sein. Wir sollen (dürfen!) miteinander leben, nicht aneinander zugrunde gehen.
(10-16) Das Wort »Blut« steht im Plural und bezieht sich

daher nicht nur auf das vergossene Blut Abels, sondern zugleich auf das »vergossene Menschenblut«; im Talmud-Traktat Sanhedrin 37a heißt es dazu: »Wer ein einziges menschliches Leben vernichtet, ist gleich, als ob er eine ganze Welt vernichtet.« D. h. wer einen Menschen mordet, tötet die ganze Welt.

Es ist der Fluch die Folge der bösen Tat: Die Strafe ist zugleich die Sünde, denn das hebräische Wort »avon« bedeutet beides. Kajin wird zu einem »unbehausten Menschen«, denn zu Hause ist der Mensch nur im Herzen des Menschen. Darum schützt Gott Kajin, vergibt aber nicht die Schuld. Weiß Gott, dass ER doch beteiligt ist an dieser ganzen Tragödie, an dieser Menschengeschichte?

(17) Kajins Geschichte geht weiter... Auch Gott braucht den Menschen. Es ist nicht gut, dass Gott allein ist. Das ist des Menschengeschlechts Hoffnung – auf Leben, Kultur, Liebe, Arbeit, Kunst und Glück.

(26) Der Segen, die Gnade, das Leben gehen weiter von Generation zu Generation. Scheths Sohn heißt darum einfach Enosch, das ist »Mensch«. Es ruft der Mensch IHN, hochgelobt sei Sie, zum ersten Mal an: Denn der Mensch braucht Gott, um Mensch zu sein. Menschwerdung ist Gottesbegegnung.

Kapitel 5

(1) Dieser Satz beschreibt des Menschen Würde: Jeder Mensch ist ein Abbild Gottes. Das ist der Grund der Humanität.

(2) Der Mensch ist das von Gott angeredete Wesen; »Mensch« der von Gott gegebene Name. Ein Mensch – wie stolz das klingt, es gilt sich jederzeit im Menschlichen zu bewähren. Der Name ist Auszeichnung und Auftrag zugleich.

(3) Mit der Genealogie beginnt die Segensgeschichte. Die Menschen werden geboren, nicht geschaffen – bleiben aber Gottes, weil Adams Bild. Alle Menschen sind Geschwister. Das ist die Begründung für das Gebot: »Liebe deinen Nächsten, denn er ist wie du« (Lev 18,19).

(4ff) Es beginnt die wunderschöne Kette der Geburten: Es ist der Mythos, von dem wir leben sollen. Wir sind alle Evas und Adams Kinder. Die Jahresangaben sind nicht Vorgeschichte oder andere Weise zu zählen, sie sind »transreal«, Ausdruck der Vor-Welt, aus der wir kommen. Bei der Auflistung und der Geburtenfolge schließen die Altersangaben immer mit dem Tod: »und dann starb er«. Der folgende Anschlusssatz beginnt im hebräischen Text immer so: »Es lebte aber« (siehe Vers 11 und 12). So entsteht ein Weg vom Tod zum Leben. Das ist das große Geheimnis biblischer Rede. Der Tod ist kein Ende. Mit Gott beginnt immer eine neue Geschichte.

(24) Chanoch (Henoch) »wandelte mit Gott«, d. h. fest verbunden mit IHM. Wer mit Gott so verbunden ist, führt das Leben eines Gerechten (so Noach, Gen 6,9) oder wird von Gott aufgefordert, ein solches Leben zu führen (so Abraham, Gen 17,1). Und Jaakob segnet Joseph (Gen 48,15), indem er ihn in die Tradition der Vorväter Abraham und Jizchak, »die vor Gott gewandelt sind«, stellt. Es kommt also darauf an, mit Gott Schritt zu halten. Das ist des Menschen Bestimmung und immerwährender Auftrag. So wird Chanoch von Gott zu IHM aufgenommen: Der Mensch geht zu Gott zurück. Es ist die Heimkehr ins Paradies.

(29) Der Trost des Noach. Noach ist der erste Mensch, der nach dem Tode Adams geboren wurde. Mit seiner Geburt ist der Fluch über dem Acker aufgehoben. Es beginnt eine neue Zeit. Worin nun besteht der Trost des Noach? Möglich ist es, an die Erlaubnis, Fleisch zu essen (so Gen 9,3), oder an den Anbau von Wein (so Gen 9,20) zu den-

ken. Der Trost des Noach aber ist wohl doch der Trost der Menschheit und der ganzen Schöpfung. Gottes Bund mit der Erde (Gen 9,8ff) und das Evangelium seiner Zusage für das Leben (so Gen 8,22). Wir dürfen leben in Seiner Für-Sorge. Das ist der »Trost des Noach«. In diesem Trost lebt die Welt.

Kapitel 6,1-8

(2) Die »Gottgleichen«, hebräisch heißt es: »die Söhne der Gottheit«, nicht aber »Söhne Gottes«, denn Gott hat keinen Sohn. Diese »Gottgleichen« wähnen sich, der Gottheit, die es aber gar nicht gibt, gleich zu sein, und meinen, das Gott-gleich-Sein wäre eine Frage von Macht und Willkür. So nehmen sie sich die Frauen, die sie für schön halten – ohne mit den Frauen zu reden. Die »schönen Menschentöchter« werden hier zu »Objekten männlicher Lust« degradiert. Es gibt aber kein Ich ohne ein Du in gleichberechtigter Zwiesprache.
(3) So greift Gott ein und begrenzt das Wirken seines Leben schaffenden Geistes auf hundertzwanzig Jahre. Die Zahl steht hier für die Vollkommenheit und Vollendung des Lebens in den Augen Gottes und hat mit »realen Jahren« nichts zu tun. Das von Gott begrenzte Leben gibt dem Menschen die Chance, die Einmaligkeit seines Lebens zu begreifen. Der Tod macht das Leben schön, weil unverwechselbar. Jeder Tag wird so zu einem Geschenk Gottes.
(4) »Männer des großen Namens«, synonym für »bekannt« bzw. »ruhmvoll«. Am Ende bleiben nur die Namen, die bei Gott eingeschrieben sind. Jes 56,5; Gott spricht: »Ich will meinem Hause ein Denkmal und einen Namen (hebräisch Jad wa-Schem) geben.«
(5-7) Der Grund für die Auslöschung der Menschheit, der Tiere, ja der Schöpfung (aber nicht der Fische und

der Erde!) ist nicht das Tun der »Gottgleichen«, sondern das böse Trachten eines jeden Menschen Herzens, d. h. der Einzelne ist ebenso schuldig auf Erden wie alle, also Mensch und Menschheit. Aber es jammert Gott, was er vorhat zu tun, voll Liebe betrauert ER seine Welt. Es ist der Schmerz Gottes.

(8) Dieser Vers ist einer der schönsten Sätze der ganzen Schrift. Es ist seine Gnade, die IHN hindert, seiner Hände Werk zu zerstören. Es wird sich erweisen: Die Welt wird durch Gnade erbaut.

Kapitel 6,9-22

(9) So untadelig gerecht werden in der Schrift nur sehr wenige Menschen ausgezeichnet. Als beispielhafte Gerechte (Zaddikim) werden Ez 14,14 Noach, Hiob (siehe auch Hi 1,1) und Daniel angesehen. Ein Gerechter (Zaddik) ist auch Abraham (Gen 15,5), der namentlich unbekannte Gottesknecht (Jes 53,11), Tamar (Gen 38,26) und der messianische König (Sach 9,9). Im Neuen Testament gehören Zacharias und Elisabeth (Lk 1,6) und Joseph, der Mann der Maria (Mt 1,19), zu den Gerechten. Beim Verhalten Josephs wird am eindrücklichsten beschrieben und erkennbar, was einen Gerechten (griech.: dikaios) auszeichnet: seinen Glauben und seine Liebe bewahren, ohne andere an Leib und Seele zu beschädigen. D. h. zumeist gerade nicht so zu handeln, wie es »das Gesetz« verlangt, so auch bei Jehuda und Tamar.

(11) »Gewalttat« (hebr. Chamas) ist das Grundwort für die Zerstörung menschlichen und gesellschaftlichen Miteinanders (Gen 16,5; Jer 20,8), für die unerlaubte Herrschaft des Menschen über den Menschen (Qoh 8,9) und die Verfehlung des menschlichen und gesellschaftlichen Auftrags, von Gott gegeben (Jes 2,7f; Jer 23,10; Ez 7,20).

(13) Gottes Beschluss bedeutet die Zurücknahme der Schöpfung, die Aufhebung der Welt; die »annihilatio mundi«, bedeutet die unmögliche Möglichkeit der Zurück-Schaffung der Welt in das Nichts.
(15) Die Arche ist kein Schiff, sondern ein Kasten, ein »Haus der Rettung« zum Überleben. Das hebräische Wort für »Kasten (Arche)« lautet »Tevah«; so wird auch das »Kästchen« bezeichnet, in das Mose von seiner Mutter hineingelegt wurde (Ex 2,3). So lehrt die Schrift: Die Welt, die Schöpfung wurde durch eine »große Arche« bewahrt, Israel aber durch eine »kleine Arche« gerettet. Mit dreißig Ellen ist die Arche Noachs genau so hoch wie der Tempel Salomos (1. Kön 6,2): Der Raum des Heils reicht gleicherweise »bis in den Himmel«.
(18) Dieser Bund wird nicht zwischen zwei Bündnispartnern geschlossen oder vereinbart, sondern »aufgerichtet«. Denn dieser Bund gehört Gott und wird von IHM, hochgelobt sei Sie, gegeben, gewährt und geschenkt. Noach kann diesen Bund nur dankbar annehmen, ablehnen oder gar brechen kann er ihn nicht. Gottes Bund ist seine Gnade, eine Verpflichtung für IHN. Darum also verspricht Gott und spricht »meinen Bund«.

Kapitel 7

(1) Anders als späterhin Abraham, der für die Gerechten von Sodom bittet, und Mose, der vor Gott für sein Volk eintritt, schweigt Noach und tritt nicht für die Menschen, auch nicht für die Tierwelt, nicht für Gottes Schöpfung ein. Weiß er, dass er der einzige Gerechte ist?
(2) Ziel und Vollendung der Schöpfung ist der Sabbat, der Schabbat; auch am Sabbat beginnt ihre Zerstörung. Das ist ein Zeichen der Hoffnung – auf die Vollendung.
(21) Wegen der »Vernichtung alles Fleisches« erhoffen wir

die »Auferstehung des Fleisches«, wie es im Apostolicum heißt. Im heutigen »Credo der Gemeinde« ist diese Formel durch die »Auferstehung der Toten« ersetzt. Es geht aber um die »Auferstehung alles Lebens«, nicht nur der toten Menschen. Es geht um die Erlösung und Wiederbringung der ganzen Schöpfung.
(16) »ER schloss hinter ihm zu.« Dieser kleine Satz unterscheidet wesentlich diese biblische Fluterzählung von den Flutgeschichten der Völker, besonders vom Gilgameschepos: Gott bewacht und besorgt die Rettung Noachs und seiner Schöpfung selber. Seine liebende Fürsorge wird in diesem Tun sichtbar, er will, dass die Rettung gelingt. Welche Liebe liegt in dieser Geste.

Kapitel 8

(1) Im »Gedenken Gottes« liegt das Heil und die Zukunft der Menschen. Bei Gott gibt es kein Vergessen, darum »erinnert sich« Gott nicht, denn das Gegenteil von »erinnern« ist nicht vergessen, sondern Gleichgültigkeit. Gott aber gedenkt und sinnt dem Gewesenen nach.
(4) Der siebzehnte Tag des siebenten Monats – das ist der Sabbat der einundzwanzigsten Woche. Am Sabbat, d. h. nach ihm, begann die Flut, am Sabbat beginnt die große Wende zum Überleben. Von nun an lebt die Welt »nach der Flut«.
(7) In der griechischen Übersetzung, der sogenannten Septuaginta (Übersetzung der siebzig, LXX), heißt dieser Vers so: »Und er schickte den Raben aus, um zu sehen, ob das Wasser zurückging. Und nachdem er weggegangen war, kehrte er nicht zurück, bis das Wasser von der Erde weggetrocknet war.« Diese Fehlübersetzung »und kehrte nicht zurück« führte zu einer fatalen Fehlinterpretation. In der Schrift ist der Rabe ein Beweis und Zeichen

der Treue (siehe 1. Kön 17,4ff; Ps 147,9; Hi 38,14), hier aber zum Zeichen der Heimatverlorenheit. So wird der Rabe in der kirchlichen Bildersprache zum Symbol des »heimatlosen und ausgestoßenen Israel«. Zum Zeichen der Verlorenheit werden die Krähen auch bei Franz Kafka. Friedrich Nietzsche nutzt die Krähen für den heimatlosen Zustand des »unbehausten Menschen«: »Die Krähen schreien ... weh dem, der keine Heimat hat.«

(9) Noach streckte seine Hand aus – zu diesem Gestus vgl. Hilde Domin: »... nicht müde werden, sondern dem Wunder leise wie einem Vogel die Hand hinhalten«.

(10) Es sind die Taube und das Olivenblatt, die trockenes Land verkünden. »Zur Abendzeit« wird die Rettung sichtbar, am Abend beginnt der Tag der neuen Zeit. Siehe dazu: Johann Sebastian Bach, Matthäus-Passion, Rezitativ im Bass: »Am Abend, da es kühle war... Am Abend kam die Taube wieder... O schöne Zeit! O Abendstunde. Der Friedensschluss ist nun mit Gott gemacht. O heilsames Angedenken.« Dieses Rezitativ bezieht sich auf Mt 27,57: Die Grablegung Jesu geschieht »am Abend«. Ein schöner theologischer Zusammenhang: Durch die Arche Noachs bewahrt Gott die Schöpfung, durch das Kreuz seines Sohnes rettet Gott die Welt. In beiden »Texten« wird wahr und ereignet sich, »was geschrieben steht«. »Also hat Gott die Welt geliebt« (Joh 3,16).

(15) Mit dieser »doppelten Einleitungsformel« (›redete und sprach‹) spricht Gott nur noch zu Mose (Ex 5,2) und zu Beginn der zehn Worte, des Dekalogs, d. h. seine Rede bekommt hier ein besonders nachdrückliches Gewicht.

(18) Als Noach aus der Arche trat, fragte ihn Gott: »Warum hast du nicht für die Opfer, für die Anderen gesprochen und gebetet?«

(22) Das ist die »Glücksmär Gottes«, das Evangelium für alle Welt. Von dieser frohen Botschaft lebt die Schöpfung – bis auf diesen Tag.

Kapitel 9

(1) Mit dem Segen Gottes beginnt das neue Leben, beginnt die »große Wende«, die Zeit nach der Flut.
(2) Der Furcht der Tiere vor den Menschen entspricht die Haltung des Menschen gegenüber Gott.
(9) Dieser Bund mit Noach und den Seinen gehört Gott, es ist sein Bund, den ER gibt und gewährt. Nicht der Mensch, nur Gott selber kann diesen Bund zurücknehmen oder aufkündigen. Der Bund ist Gnade.
(13ff) Der Regenbogen ist die Vollendung der Schöpfung, die nun im Bund Gottes mit der Erde und allem Fleisch ihren Grund hat. Der Regenbogen ist ein Zeichen der Erinnerung für Gott, die Schöpfung, seine Welt, nicht mehr zu vernichten. Den Menschen ist der Regenbogen eine Vergewisserung der Treue des Schöpfers zu seinem Wort – und zugleich Ausdruck sichtbarer Freude über die Schönheit der Schöpfung.
(17) Durch einen Gerechten, einen Zaddik, wurde die Welt bewahrt – durch IHN.

Kapitel 10

Bei dieser Völkertafel handelt es sich nicht um eine ethnische oder gar rassische und sprachliche Abstammung der Völker, sondern um eine geographische Aufteilung der Siedlungsgebiete der Völker, zu denken im Gebiet zwischen der heutigen Türkei und Ägypten: Japhet im Norden, Cham im Süden und Schem sozusagen in der Mitte zwischen ihnen.
(2) Mit Gomer sind die Kimmerer an der Küste des Schwarzen Meeres gemeint; Madaj sind die Meder, wohnhaft im östlichen Iran; Jawan sind die Ionier (die Griechen) die vor allem an der Westküste Kleinasiens und den Inseln der Ägäis lebten.

(3) Mit den Aschkenas sind vielleicht die Skythen aus der südrussischen Steppe (nördlich des Kaukasus) gemeint. In der mittelalterlichen jüdischen Literatur steht »Aschkenas« für »Deutschland« und späterhin für die sogenannten »Ostjuden«, deren Sprache das Jiddische ist, im Gegensatz zu dem »Ladino« der sephardischen Juden aus Spanien und Portugal.

(4) Elischah ist der assyrische Name (Alasia) für Zypern; Tarschisch steht für das spanische Tartessos am »Ende der Welt«, wird dadurch zugleich zu einem »symbolischen Topos« wie etwa »Atlantis« und das sagenumwobene »Goldland Ophir«. Kittim meint wohl Kition (heute Larnaka) auf Zypern; in den Schriften von Qumran werden die »Kittim« als Deckname für die Römer benutzt; die Dodanim sind wohl die Bewohner von Rhodos.

(6) Kusch ist das alte Äthopien (Nubien und Sudan), Mizrajim ist Ägypten, und Put meint das ägyptische Punt an der östlichen Küste Afrikas. Kanaan ist die ursprüngliche Bezeichnung für »Palästina«, Philisterland; so aber erst seit dem Kaiser Hadrian, 139 n. Chr., das Land Israel bzw. Israel und Juda der Königszeit.

(7) Seba ist vielleicht das arabische Sabäerreich,

(10) das Reich der Königin von Saba, 1. Kön 10.

(11) Aschschur steht für die Assyrer und für das Land Assur; Babel für Babylon und Babylonien, und Ninive ist wie im Buche Jona (1,2) die »große Stadt«.

(14) Kaphtor ist die Insel Kreta, woher die Philister kamen (Am 9,7).

(10) Erech ist das Uruk Gilgameschs.

(25) »… wurde die Erde aufgeteilt«: Diese Verbform ist ein passivum divinum (ein »göttlicher Passiv«), was bedeutet, dass Gott das »Subjekt des Handelns« ist. Gott also teilt die bewohnbare Erde den verschiedenen Völkern zu.

Kapitel 11

(1) Es ist riskant, das hebräische wyhy (wajehi) mit dieser Formel zu übersetzen, signalisiert »Es war einmal« doch sogleich die Gattung Märchen. Unser Text aber ist kein Märchen, es sei denn ein »himmlisches«. Aber der hebräische Wortlaut vermittelt den Lesenden genau dies, was man, kennt man die Gattung, wissen kann: Es wird nicht nur, es muss einen »guten Schluss« geben. So werden die möglichen Schrecken anders gelesen und ertragen, und die Spannung wird auf die Frage gelenkt: Wie wird der »gute Schluss« erreicht? In diesem Sinne wird die Formel auch (nicht immer) im Hebräischen genutzt. Das Buch Ruth beginnt so – und wir (die Lesenden) dürfen wissen, es wird wieder Brot geben und den Sohn. Eine Generation folgt in seinem, Gottes, Segen der anderen. Auch das Buch Esther nutzt die Kraft dieses Anfangs! D.h. den Völkermord an den Juden wird es nicht geben. Wir wissen das vom Beginn an. Nur die in der Geschichte stehen, wissen es nicht. D.h. auch »unser Text« (Gen 11,1-9) muss und wird einen guten Schluss haben. So gesehen ist der erste Vers eine Überschrift.
(4) Sie bauen eine Stadt und einen Turm, um sich einen Namen zu machen, um sich nicht auf der Erde auszubreiten. Stadt und Turm gehören zusammen, siehe dazu das »Buch der Richter« (Jdc 8,9 und 9,46f). So haben es auch die von Mose in das Land Kanaan ausgesandten Kundschafter berichtet: »Die Städte sind groß und bis an den Himmel ummauert« (Dt 1,28). Stadt und Turm gehören zu einer befestigten Stadt und sind keineswegs »Hybris«, menschliches Sich-selbst-Übersteigen: Es gibt keinen »Turm von Babylon«!
(5) Gott will sehen der Menschen Werk. Erst nachdem von IHM, hochgelobt sei Sie, gesprochen wurde, wurden die Menschen genannt. »Gottes Herabkommen«, sein

Da-Sein geschieht – außer in der Geschichte von Sodom (Gen 18,21) – zum Heil.
(6 und 7) Gott erschrickt vor der Einheits-Sprache; ER will nicht das Einerlei, sondern die Vielfalt und Schönheit der Sprachen, und darüber hinaus müssen die Menschen es wissen: Nicht alles, was sie können, ist ihnen erlaubt: Es gibt Grenzen für des Menschen Tun.
(8) So verbreitet Gott die Menschen auf seiner Erde, wie ER es gewollt hat (Gen 1,28), denn der Mensch zeichnet verantwortlich
(9) für alles »Geschehen auf Erden«, nicht im »eigenen Land« allein. Denn es gibt kein fremdes Leid. Das ist der gute, von Gott gewollte Schluss.
(30) Sarai war nicht unfruchtbar, das hebräische Wort darf so nicht übersetzt werden, weil etwas ganz anderes gemeint ist, was sich mit »unfruchtbar« nur falsch wiedergeben lässt. Gemeint ist vielmehr Einsicht und Tatsache, dass es ihr von Gott verwehrt ist, ein Kind zu bekommen. Darum betet auch Chanuah zu IHM. 1. Sam 1,10, denn nur Gott gibt das Leben.
(31) Terach zieht aus Ur in Chaldäa (= Babylonien) aus, um nach Kanaan zu gelangen, ganz ohne göttliche Weisung, diese wird erst an Abram ergehen – in Charan, wo sie geblieben sind.

Kapitel 12

(1) Gott beruft Abram durch einen Imperativ in eine Zukunft, die nur ER kennt. Abram muss sein Wort genügen, darum wird auch der Name des Landes nicht genannt. Gott weiß wohin, das ist genug.
(2.3) Das ist die Verheißung für einen König, nicht für eine »nomadische Existenz«, vergleiche dazu die Verheißungen für David: 2. Sam 7,8f.29 und den Psalm Salomos

72,17. In Abram werden alle Geschlechter der Erde gesegnet; es gibt keinen Segen an Israel vorbei.
(4) Abram geht auf sein Wort hin! Es ist kein »nomadischer Weidewechsel«; dazu bedarf es auch keines Wortes Gottes, der Hunger der Tiere genügt.
(7) Abram ist in Kanaan geblieben, erst jetzt und hier verheißt ihm Gott dieses Land. Abram war vor der Verheißung im Lande.
(10) Kaum ist Abram dieses Land versprochen, da wird er vom Hunger vertrieben: Die Landverheißung wird immer gefährdet bleiben, durch die Zeiten hin.

Kapitel 13

(14) Die Himmelsrichtungen werden vom Stand der Sonne abgeleitet:
Norden = Mitternacht
Süden = Mittag (Negev)
Osten = Morgen
Westen = Abend bzw. meerwärts, in Richtung des Mittelmeeres.
(16) In Bitterkeit und verzweifelter Hoffnung schreibt dazu Gertrud Kolmar (geboren 10. Dezember 1894 in Berlin, ermordet im März 1943 in Auschwitz): »Israel ist wie der Staub der Erde, alle treten ihn mit Füßen; der Staub aber bleibt.« (In: Die jüdische Mutter.)

Kapitel 14

(3) Im Hebräischen heißt das Meer nicht Totes Meer, sondern das Meer des Salzes, Salzmeer.
(13) Das Wort »Hebräer« ist wohl ursprünglich ein soziologischer Begriff, der eine Klasse beschreibt, die ökono-

misch unfrei gewesen ist und deshalb gezwungen war, täglich Sklavendienste anzunehmen. In dieser Bedeutung ist das Wort gut in Ägypten und Babylonien/Assyrien bezeugt; so spricht auch Mose vor Pharao (Ex 3,18) vom »Gott der Hebräer«. Hier könnte mit dem Ausdruck »Hebräer« aber auch das Volk gemeint sein. »Hebräer« ist also zugleich ein soziologischer wie ein »völkischer« Begriff. So antwortet Jona auf die Frage: Von welchem Volk bist du? – Ich bin ein Hebräer (Jon 1,9). Was trifft nun auf »Abraham, dem Hebräer« zu? Ein Gentilicium (ein Volksbegriff) kann nicht gemeint sein, denn es gibt kein Volk zu dieser Zeit, nicht einmal einen Sohn; eine Klassenzugehörigkeit im soziologischen Sinn von Sklave scheidet auch aus, denn Abraham ist wohlhabend und reich. Vielleicht ist hier mit dem Begriff Hebräer eine Art »Asylbewerber« gemeint, einer, der zugezogen ist und daher nicht »dazugehört«. Abram muss noch Heimat gewinnen.

Kapitel 15

(2 und 3) Abram erkennt IHN, hochgelobt sei Sie, als seinen Herren an. Aber dennoch ist sein Leben zerbrochen, denn er hat keinen Erben, so wird alles seinem Knecht und dessen Nachkommen gehören. So deutet Abram sein verfehltes Leben, wofür er Gott verantwortlich macht, denn Kinder sind eine Gabe Gottes.
(6) Bei Martin Luther lautet dieser Satz so: »Abram glaubte dem HERRN, und das rechnete er ihm zur Gerechtigkeit.« Und so spielt dieser Vers eine besondere Rolle für die Rechtfertigungslehre, vgl. dazu die theologische Argumentation des Paulus in Röm 3: »...dass der Mensch gerecht werde ohne des Gesetzes Werke, allein durch den Glauben« (Röm 3,28). Martin Buber verdeutscht so: »Er aber vertraute IHM, das achtete er ihm als Bewäh-

rung.« Der hebräische Text lässt (auch) eine andere Interpretation zu: Abram lässt sich auf Gott ein – aber seinen Worten »glaubt« er gerade nicht, vielmehr zweifelt er daran, so seine Frage in Vers 8.
(18-21) Einen »Bund schließen« heißt im Hebräischen »einen Bund schneiden«. Diese auffallende Formulierung leitet sich möglicherweise vom »Zerlegen der Tiere« her, was Abram von Gott befohlen wird; aber die Tiere werden nicht »geschnitten« (KRT), sondern »zerlegt« (BTR). Der Inhalt des Bundes ist die Verheißung des Landes Kanaan, wohin Gott Abram geführt hat. Gott tut etwas in dieser Geschichte: Abrams Weg ist Gottes. Aber nicht nur das Land, auch dessen Bewohner werden Abram »gegeben«, d. h. diese bleiben im Land und werden nicht vertrieben! Das ist eine andere Theologie als die Landnahme-Theologie im Buche Josua, vielmehr ein Protest gegen diese.

Kapitel 16

(1) Ein »Aber« ist hier besser als ein »Und« angebracht, denn dieser Satz steht entgegen der gerade gegebenen Verheißung zu Hagar: Diese ägyptische Magd hat einen arabischen Namen! Von dem gleichen Wortstamm leitet sich auch das Wort »Hedschra« (die Flucht Muhammads von Mekka nach Medina) ab.
(3) Die Umständlichkeit der Formulierung zeigt an, wie schwer es Sarai fällt so – dem Gesetz entsprechend – zu handeln, denn ihr blutet das Herz.
(5) Das hebräische Wort für »Unglück, Gewalttat« meint die Zerstörung des sozialen Friedens im Haus und der Gesellschaft. Solche gesellschaftliche Zerstörung ist der Hauptgrund für die Sintflut (Gen 6,11) und Anklagepunkt der Propheten (Jes 2,7; Jer 23,10; Ez 7,20).

(7) Der Engel des Ewigen (der Ewige steht hier für den Gottesnamen JHWH) kommt hier zum ersten Mal in der Bibel vor!
(13) Es ist das erste (und einzige!) Mal, dass ein Mensch Gottes Namen deutet – und das geschieht durch eine Magd: ER, hochgelobt sei Sie, ist ein Gott der Begegnung im Dialog, Gottesbegegnung als Zwiesprache.
(14) Zum »Born des Schönen«; das hier im hebräischen Text gebrauchte Wort für »schön« ist ganz unsicher, ich leite es aus dem Äthiopischen ab.
(15) Im Koran spielt Jischmael als Sohn Abrahams eine vor Isaak bevorzugte Rolle: Abraham und Jischmael bauen die Kaaba in Mekka (Sure 2,119), und der von Gott erbetene Sohn, der geopfert werden soll, ist Jischmael (Sure 37,98-113).

Kapitel 17

(1) Gott stellt sich Abram vor als »El Schaddaj«. Die Bedeutung dieses Namens ist nicht geklärt. Martin Luther übersetzt: »Ich bin der allmächtige Gott«, was er aus der lateinischen Vulgata übernommen hat: »ego Deus omnipotens«. Man kann den Namen von einem hebräischen Verb (SCHDD) »Gewalt antun, zerstören« ableiten oder von einem akkadischen Wort für »Berg«, also der »gewaltige Gott« oder der »Gott vom Berg«, hier wird das Wort vom hebräischen »Schad«, was die weibliche Brust meint, abgeleitet. So nennt Noomi im Buch Ruth (1,20 und 21) den an ihr handelnden Gott »Schaddaj«. Da es im Buch Ruth wesentlich um »Hunger und Brot« geht, könnte mit dieser Bezeichnung die Gottheit gemeint sein, die alle und alles ernährt, so wie ein Säugling an der Brust der Mutter ganz und gar auf diese angewiesen ist. Abram soll, wie Henoch, in Gen 5,24 mit Gott Schritt halten und mit IHM verbunden gehen.

(2) Auch der Bund mit Abram ist wie bei Noach (Gen 9,9) kein Vertrag, sondern eine gnädige und liebevolle Zusage Gottes.
(5) Auch Abraham bedeutet, wie Abram auch, »Vater der Höhe, der Erhabenheit« oder auch »Mein Vater ist erhaben«. Vielleicht ist mit dem Vater wirklich der Vater gemeint, wahrscheinlicher aber ist Gott der erhabene Vater.
(15) Auch zwischen Sarai und Sarah besteht kein Unterschied in der Bedeutung. Sarah heißt »Fürstin« oder gar »Königin«!
(19) Jizchak heißt »Er hat gelacht, er freut sich«; das Subjekt des Lachens ist aber nicht Abraham, sondern Gott! Das geborene Kind ist eine »Gottesfreude«.
(21) An diesem »Aber«, was auch »und« heißen könnte, entscheidet sich die Theologie in der Geschichte: Jischmael ist gesegnet – aber seinen Bund schließt ER (SIE) nur mit Jizchak, dem Sohn Sarahs.

Kapitel 18

(2) Es waren drei Männer, keine Engel! Die jüdische Tradition versteht den Text aber anders: Im Talmud heißt es (bBM 866): Wer waren diese drei Männer? Michael, Gabriel und Raphael. Michael kam, um Sarah zu benachrichtigen, Raphael kam, um Abraham zu heilen und Gabriel kam, um Sodom zu zerstören. Auch die christliche Ikonographie stellt immer drei Engel dar; am schönsten wohl dargestellt von Andrej Rubljow auf seiner Dreifaltigkeitsikone von 1411.
(10) Übers Jahr, zur Leben spendenden Zeit meint die Zeit der Schwangerschaft bis zur Geburt. Sarah hat nicht gelauscht, denn der Eingang war direkt hinter IHM, dem redenden Gott; so musste Sarah IHN hören.

(14) Es ist eine Frage der Gotteserkenntnis: IHM ist nichts unmöglich; so bekennt Hiob: »Ich erkenne, dass du alles vermagst« (Hi 42,1), und der Engel Gabriel verkündet Maria: »Bei Gott ist kein Ding unmöglich« (Lk 1,37). Gott wird an seiner Rede und seinem Tun erkannt.
(15) Sarah hat gelacht, aber wird nicht bestraft! Auch ist Sarah nicht ungläubig, vielmehr weiß ER, dass seine Verheißungen »zum Lachen« und belächelnswert sind, weil sie das Unmögliche möglich machen. Wir leben von den Dingen, die eigentlich nicht gehen; so wird auch Paulus in Athen ausgelacht, als er von der Auferstehung predigte (Apg 17,32).
(17) Auch Abraham ist ein Prophet (Gen 20,7), dem Gott zuvor mitteilt, was er tun will. Vgl. dazu Amos 3,7: »Gott der HERR tut nichts, er offenbare denn seinen Ratschluss den Propheten, seinen Knechten.«
(22) Der geschriebene Text lautet anders: »… aber Abraham blieb noch stehen vor IHM, hochgelobt sei Sie.« Im Midrasch Genesis Rabba (Gen 49 zu 18,22) wird dazu vermerkt: Es handelt sich um eine »Verbesserung der Schreiber« (Tiqqun sopherim), denn es lässt sich nicht annehmen, dass Gott auf Abraham gewartet haben sollte. Aber so ist es erzählt, denn Abraham tritt heran, nicht Gott.
(32) Im Midrasch Genesis Rabba (Gen R 49, zu Vers 32) fragen sich die Rabbinen, warum Abraham nicht weiter gebetet und geredet hat; weil er glaubte, es gäbe zehn Gerechte in Sodom, nämlich Lot, seine Frau, ihre vier Töchter und ihre vier Schwiegersöhne – aber es gab nur vier: Lot, seine Frau und zwei Töchter. Für die Bewahrung der Stadt hätte ein Gerechter genügt: »Findet sich ein Gerechter in einer Stadt, so hängen sich alle an sein Verdienst.«

Kapitel 19

(1) Im Folgenden kommt die Erzählung (bzw. der Erzähler) in der Grammatik und in der Theologie etwas durcheinander: Es kommen Engel nach Sodom, aber in Lots Haus sitzen Männer, die essen und handeln. Es sind Engel, die Lot und seine Familie auffordern zu gehen – aber Männer bringen sie in Sicherheit und es ist Gott, der Sodom und Gomorra zerstört. Hat der Erzähler diese Theologie des zerstörenden Handelns Gottes nicht ertragen, aber nicht gewagt, es zu verschweigen? Die Verwirrung trifft dann die Hörer: Engel kommen, aber Engel essen nie mit – also Männer. Es gilt: Gott handelt, auch durch Männer und auch durch Engel. Diese Verwirrung wird zum Geheimnis.
(11) Diese »Orientierungslosigkeit« wird zumeist mit »Blindheit« (so die Luther-Bibel) oder mit »Blendung« (so Buber – Rosenzweig) übersetzt; gemeint ist »sich nicht mehr zurechtfinden«. So wird dieses Wort (nur) noch einmal in 2. Kön 6,18 gebraucht: Elischa bittet Gott, die Aramäer mit »Orientierungslosigkeit« zu schlagen – und führt sie dann direkt auf den Marktplatz in Samaria; hier werden ihre Augen wieder aufgetan – und sie erkennen, wo sie sind.
(26) Martin Luther hat diesen Vers so übersetzt: »Und Lots Weib sah hinter sich und ward zur Salzsäule.« Der hebräische Text aber ist anders: Sie sah ihn, d. h. Gott in seinem Tun, sozusagen »von Angesicht zu Angesicht«, es ist der »Anblick Gottes«, der sie zur Salzsäule erstarren ließ. Dadurch wird diese Geschichte nicht »besser«, nur anders: Lots Frau schaut also nicht zur Stadt, sie schaut zu IHM.
(31) Lots Töchter gehen davon aus, dass sie auf Erden, in der Welt, allein überlebt haben, so kann nur durch sie die Geschichte der Menschheit weitergehen.

Kapitel 20

(7) Hier kommt das Wort Prophet zum ersten Mal in der Schrift vor. Abraham ist nach dem jüdischen Verständnis ein Prophet, weil Gott ihm ankündigt, was er tun will, und sich mit ihm darüber berät (so Gen 18; bei Amos 3,7 heißt es: Gott tut nichts, es sei denn, er offenbart es zuvor seinen Propheten), und zum anderen gehört zum prophetischen Amt die Fürbitte (so auch Mose in Ex 32,7ff).
(13) Im Hebräischen ist es nicht Gott, sondern die Götter führen Abraham weg von zu Hause. Hier redet Abraham dialogisch, denn nur so versteht ihn Abimelech auch. Der Name Gottes wird erst in Vers 18 genannt – und das ist keine Rede zu Abimelech, sondern ein Satz für Leserinnen und Hörer.
(12) Was Abraham hier von Sarah über ihren Vater sagt, der auch der seine sei, wird in der Schrift nicht belegt, die weder Vater noch Mutter Sarahs nennt.

Kapitel 21

»Heimsuchen« ist ein heilvoller Vorgang: ER erfüllt sein Wort an Sarah. Heimsuchung Gottes geschieht zur Errettung. Gott sucht sein Volk heim, um es aus Ägypten zu befreien, Ex 3,16: So wie es Joseph einst vorhergesagt hat, Gen 50,24. Nach Ps 8,5 ist der Mensch dadurch ausgezeichnet, dass Gott seiner gedenkt und ihn heimsucht: Wo Gott den Menschen besucht, ist der Mensch zu Hause (vgl. die »Heimsuchung Mariae«: Maria besucht Elisabeth, diese ist dadurch »zu Hause«).
(6) Sarah wird nicht ausgelacht, sondern man freut sich mit ihr und lacht ihr zu.
(9) Die meisten deutschen Übersetzungen versuchen, dem Verb »zachaq« einen negativen Aspekt zu unterstel-

len: »Spott lachen« (M. Buber), »Mutwillen treiben« (M. Luther Rev.), »umhertollen« (EÜ), »Spiel treiben« (Jerusalemer Bibel), wohl in der Absicht, das schlimme Tun Sarahs zu entschuldigen. Aber Jischmael hat nichts weiter getan – als gelacht, gelacht auf diesem Fest der Freude. Das aber erträgt Sarah nicht, es gibt keine Entschuldigung.

Kapitel 22

(1) Gott prüft nicht, Gott versucht. Eine Prüfung kann man wiederholen, eine Versuchung nicht.
(2) Durch die Umständlichkeit der Rede wird die Schwere der Forderung ausgedrückt. Im Midrasch Bereschit Rabba, dem jüdischen Kommentar zum 1. Buch Mose, heißt es dazu: V. 2 »Und er sprach: Nimm deinen Sohn, d. i. er sprach: Ich bitte dich darum. Abraham entgegnete: Ich habe zwei Söhne, welchen von ihnen? Gott sprach: Deinen einzigen. Abraham sprach: Der eine ist einzig für seine Mutter, und der andere ist einzig für seine Mutter. Gott sprach: Den du lieb hast. Abraham sprach: Ich habe einen so lieb wie den anderen. Gott sprach: Den Jizchak.« Nach 2. Chr 3,1 wird der Tempel auf dem Berg Morijah erbaut, d. h. auf dem Ort des Heiles kann unmöglich ein Mensch geopfert, gemordet werden. Nach islamischer Tradition steht der »Felsendom« in Jerusalem genau auf diesem Ort. Der Sohn aber, den Abraham opfern soll, ist nicht Jizchak, sondern Ischmael, Koran Sure 37, 98-113.
(4) Der »dritte Tag« spielt in der ganzen Bibel eine besondere Rolle: »Am dritten Tag« wendet sich das Geschehen zum Leben und zum Heil: Am »dritten Tag« steht Israel vor Gott am Sinai (Ex 19,2ff), bittet Mose Gott für Israels Überleben (Ex 32,30), geht Jona erneut nach Ninive, bittet Esther den König für das Überleben der Juden

(Est 5,1), am »dritten Tag« fällt den Eltern das Fehlen ihres Sohnes Jesus auf (Luk 2,46), ist die Hochzeit zu Kana – und ist Jesu Auferstehung (1. Kor 15,4) – so wird auch diese Geschichte nicht tödlich, sondern zum Leben enden.

(6) Zum »Brandopfer« in Lev 6,1-6 (4. Mos 6,1-6) wird diese Opferart beschrieben: Alles soll auf dem Altar verbrannt werden, also in Rauch »aufgehen«. Daher kommt das hebräische Wort, was Martin Buber als »Darhöhung« verdeutscht, d.h. es wird alles hinaufgebracht. Da dies durch Verbrennen geschieht, erklärt sich die Opferbezeichnung als Brandopfer. Weil alles verbrannt wird, übersetzt Moses Mendelssohn mit »Ganzopfer«. So wird es auch in der Septuaginta als »Ganzfeueropfer« gedeutet; in der lateinischen Vulgata steht Ganzopfer: holocaustum; dieses Wort wird als »Holocaust« für den Völkermord an Jüdinnen und Juden benutzt; während man in Israel von der »Shoah«, d.i. »die Katastrophe« spricht. Den Text sollte man nicht »Isaaks Opferung« nennen, denn Isaak wird nicht geopfert, in der jüdischen Tradition wird von der »Fesselung Isaaks« gesprochen, die sogenannte »Aqeda«.

Kapitel 23

(4) Ein »Obdachloser« ist einer, der keinen Besitz an Land hat und dadurch nicht zur Kultgemeinschaft, nicht zum »Volk« gehört, einer, der sozusagen »zwischen den Stühlen« sitzt. Daher übersetzt Luther mit »Beisasse«, Buber mit »Ansasse« und die EÜ mit »Halbbürger«; nach Ex 12,45 darf ein Beisasse nicht am Pesach-Mahl teilnehmen. Nach dem Kauf wird Abraham vom Land Kanaan nichts weiter besitzen als das Erbbegräbnis – ein Grab auf Hoffnung.

Kapitel 24

(2) Das Wort für »Verwalter« meint eine Fürsorgeverpflichtung, keine »Herrschaft«; es wird auch die Weise sein, in der einst der Messias »herrschen« soll.
(3) Von dem »Gott des Himmels« reden auch Jona (1,9) und das sogenannte Kyros-Edikt (2. Chr 36,23), was den deportierten und gefangenen Juden die Rückkehr nach Jerusalem und den Wiederaufbau der Stadt erlaubt.
(14) Wahre Humanität erweist der Mensch durch »menschlichen Umgang« mit Mensch und Tier: Wer Menschen liebt, darf Tiere nicht schänden. Tiere sind wie der Mensch auch Geschöpfe Gottes.
(54) Essen, Trinken und Schlafen – in der Freude: Das beschreibt die Wirklichkeit des Friedens, den Schalom Gottes in der Welt.
(65) Der Knecht ist in dieser ganzen Geschichte ohne Namen. Nach Gen 15,2 aber kann es nur Elieser sein. D.h. Elieser ist losgegangen als »Knecht Abrahams«, kommt aber als »Knecht Jizchaks« zurück.

Kapitel 25

(22) Rivkah geht einer Gottesbegegnung entgegen; das hebräische Wort »Darasch« heißt nicht »befragen«, sondern suchen. Es ist das Grundwort jüdischer Auslegung, die Midrasch heißt, d.i. IHN suchen, im Text Gott begegnen: Das ist die Auslegungskunst Gott spricht mit ihr.
(26) Esaw heißt »von Gott gewirkt, gemacht«, Jaakob heißt »Gott behütet«; Esaws Farbe der Haut (nicht der Haare!) ist eine Auszeichnung, die nur noch von David ausgesagt wird, 1. Sam 16,12; rot ist auch der Geliebte im Hohenlied (5,10); auch die Menschheit im Garten Eden ist rot, denn »adom« heißt rot. Esaws Haare sind wie ein Prachtgewand,

siehe Mi 2,8; Sach 11,13. Esaw ist also keineswegs »unangenehm« bzw. »eklig«, und Jaakob ist kein Betrüger!
(32) Esaw ist todmüde und erschöpft – und meint, bald sterben zu müssen. Was er sagt, meint nicht: Ich muss sowieso irgendwann sterben, sondern heute noch.
(33) Jaakob weiß, dass der Hunger vergeht und Esaw keineswegs sterben wird, darum lässt er ihn schwören, und so betrügt er ihn.
(34) Esaw achtet seine Erstgeburt dadurch gering, dass er einfach davongeht – und nicht mit seinem Bruder redet; es ist ihm egal, das ist seine Missachtung.

Kapitel 26

(17) Das Wort Nachal bezeichnet ein Bachtal (ein Wadi), das nur zur Regenzeit Wasser führt.
(35) Der hebräische Text spricht von einer Verbitterung des Geistes.

Kapitel 27

(23) Das erste Verb dieses Satzes wird zumeist mit »erkennen« (und er erkannte ihn nicht) wiedergegeben. Hätte aber Jizchak seinen Sohn genau untersucht, hätte Jaakob gemerkt, dass sein Vater genau wusste, welcher Sohn da zu ihm kam. Ein Blinder kann nicht getäuscht werden. So weiß Jizchak, dass er betrogen wird, aber will sich wegen der Verheißung Gottes auch betrügen lassen.
(29) Der zweite Teil des Segens geschieht mit Augenzwinkern und Humor, denn Jaakob hat nur einen (!) Bruder und seine Mutter hat nur zwei (!) Söhne.
(32) Nun muss Jizchak seinem Sohn Esaw verheimlichen, dass er weiß, wen er gesegnet hat.

(33) Jaakob bleibt im ersten Segen. So hat Jizchak Gottes Wort bestätigt.
(37) Hier wiederholt Jizchak den Segenshumor vor seinem Sohn Esaw, denn »alle seine Brüder« gibt es doch gar nicht.
(39) Die meisten deutschen Übersetzungen haben den Segen in Fluch verkehrt. Nicht aber Martin Luther, in der Ausgabe »Letzter Hand« von 1545 heißt es: »Sihe da, Du wirst eine fette Wohnung haben auff Erden und vom taw des Himels von oben her.« Auch Esaw ist ein Gesegneter, freilich nicht mit dem Erstgeburtssegen. So gehen die Verheißungen Gottes an Abraham und Jizchak auf Jaakob über und durch ihn weiter auf Israel.

Kapitel 28

(3) Zu Gott dem Allernährer bzw. der Allernährerin siehe die Anmerkung zu Kap. 17,1.
(11) Die Formulierung »und kam an den Ort«, also mit bestimmtem Artikel, ist auffallend unlogisch; der bestimmte Artikel für einen Ort, den Jaakob nicht kennt, wird wohl nicht aus sprachlichen, sondern aus theologischen Gründen gebraucht. Der Ort ist immer der Ort Gottes – nur man weiß es nicht.
(12) Das hebräische Wort »Sullam« meint keine Leiter und auch keine Treppe, eher eine bergähnliche Aufschüttung. Wahrscheinlich ist der in Babylonien übliche »Tempelturm«, eine Zikkurat, gemeint. Schon in diesem Vers fällt auf, dass die Engel zuerst von unten kommen.
(14) Zum »Staub der Erde« schreibt die Dichterin Gertrud Kolmar: »Israel ist wie der Staub der Erde, alle treten darauf herum, aber Israel bleibt.«
(17) Dieser Ort ist gerade nicht heilig, denn es gibt von nun an keine »heiligen Orte« mehr, und der Himmel ist

unten. Der Himmel ist immer da, wo Gott ist und wo ER, hochgelobt sei Sie, ist, da ist SEIN Haus. Gott ist gegenwärtig in der Begegnung.

Kapitel 29

(11) Jaakob darf Rachel nur deshalb küssen, weil er ihr Verwandter, sozusagen »ihr Bruder« ist. Siehe dazu das Hohelied Salomos 8,1: »O dass du mein Bruder wärest... Fände ich dich draußen, so wollte ich dich küssen, und niemand dürfte mich schelten.«
(15) Eine schöne Weise Labans, Jaakob darauf hinzuweisen, wer bei uns lebt, muss auch arbeiten und seinen Lebensunterhalt verdienen.
(17) Die Augen Leahs spielen für das Verständnis des Textes eine erhebliche Rolle. Ihre Augen aber waren weder »ohne Glanz« (Luther Rev.) noch »schwach« (M. Buber) noch »matt« (EÜ) noch »blöde« (M. Mendelssohn), sondern zart und schön. Mit dem gleichen Wort wie für Leahs Augen wird das Rindfleisch bezeichnet, was Abraham seinen Gästen serviert (Gen 18,7) und dieses Fleisch war »zart und gut«. Das Wort Leah ist im Hebräischen ein Fremdwort aus dem Akkadischen und bedeutet Kuh. Leah hat also die sanften Augen einer Kuh, was dem altorientalischen und griechischen (!) Schönheitsideal für Augen entspricht. Vergleiche dazu Homer, Ilias 14, 223: »Es lächelte die kuhäugige Hera«, aber bei J. H. Voß ist es »die hoheitblickende Here«. Hera war kuhäugig, wie die ägyptische Göttin der Liebe, Hathor, auch. Auch Leah hat also etwas Besonderes: ihre Augen; gegenüber zu Rachel heißt das wohl »nur ihre Augen«, aber sie ist keinesfalls »hässlich«.
(20) Einer der schönsten Sätze über die »Macht der Liebe«.
(25) Das »große Mahl« war wohl ein großes Besäufnis, und Jaakob muss sturzbetrunken gewesen sein und

konnte das »Geheimnis der Brautnacht« gar nicht vollziehen, sonst hätte er auch in schwärzester Dunkelheit den »schönen Leib Rachels« erkannt, d. h. gefühlt: Diese ist es nicht.
(27) Nun muss er in dieser Woche die Ehe mit Leah »vollziehen«, nach einer Woche durfte er dann Rachel lieben.
(31) Als Gott wahrnimmt, dass Jaakob nur Rachel liebt, greift er in diese Geschichte ein.
(34) An dem Namen für Levi wird die ganze Kindertheologie und Anthropologie deutlich, denn »Levi« heißt soviel wie Leihgabe. Die Kinder sind Gottes und gehören nicht den Eltern, denen sie von Gott gegeben und anvertraut sind.

Kapitel 30

(2 und 3) Hier wird die Anthropologie der Schrift am deutlichsten und schönsten (vielleicht auch schmerzlich) benannt: Kinder sind eine Gabe Gottes. Sie werden in Liebe und Lust gezeugt, aber ohne Gottes Willen wird kein Kind geboren. Lieben heißt hier einzuwilligen, miteinander alt zu werden und Kinder zu zeugen im Vertrauen auf die Schöpfung Gottes.
(22) Gott duldet nicht nur, er hört, gedenkt und mischt sich ein in diese ganze Geschichte. Es gibt keine Geschichte ohne Gott. Auch Gott ist ein »Gott in Sorge«.

Kapitel 31

(1) Gott spricht im rechten Augenblick und verheißt sein Mitsein auf dem Weg zu neuen Ufern. ER, hochgelobt sei Sie, ist ein mitgehender Gott.
(13) Gott erinnert Jaakob an seinen Traum und daran,

dass er ihm in Bethel erschienen ist und seine Fürsorge versprochen hat.
(19) Die Teraphim (Gottesbilder) sind wahrscheinlich Haus- bzw. Familiengötter. Die sprachliche Bedeutung ist nicht gesichert. Sie kann abgeleitet werden von einem hethitisch-churritischen Wort für »Dämon, Geist« oder aber vom hebräischen Verb für »heilen«, was bedeutet, dass die Teraphim für das Heil und das Wohl von Haus, Familie und Hof einstehen.
(22) Auch hier entscheidet sich die Geschichte am 3. Tag – zum Leben und Segen beider Familien.
(47 und 54) Das gemeinsame Essen ist ein Friedensmahl in Gottes Gegenwart.

Kapitel 32

(3) Machanajim heißt »Lager«.
(12) Es ist das erste Mal, dass ein Mensch Gott um die Errettung seines Lebens bittet. Zuerst erinnert Jaakob Gott an sein Wort und sein Versprechen (10-13), und dann plant er, seinen Bruder durch überaus reiche Geschenke zu versöhnen (14 – 17) und erklärt sich zum Knecht seines Bruders (19).
(25) Der folgende Text, der »Kampf am Jabbok«, wird erst von seinem Ende her verstanden. Nie weiß man, wer das handelnde Subjekt ist. Der Mann ist Gott, was erst durch Jaakobs Erkenntnis in Vers 31 verstanden wird.
(26) Gott erkennt, dass er Jaakob nicht besiegen kann.
(27) Gott will losgelassen werden, Jaakob aber will von ihm gesegnet werden: Der Sieger will von dem Unterlegenen gesegnet sein. Der Segen ist die Bedingung für die Freiheit des Loslassens, für die »Freiheit Gottes«.
(29) Gott gibt Jaakob einen neuen Namen. Namen aber werden nur von Siegern geändert: So ändert der Pharao

Necho den Namen Eljakim in Jojakim (2. Kön 23, 34), und der König von Babylon, Nebukadnezar, ändert den Namen Mattanja in Zedekia um. Auch steht der Name Jisrael im Widerspruch zu dem Geschehen und der Begründung, denn der Name Jisrael bedeutet: ER herrscht. Paul Gerhardt würde singen: »Gott sitzt im Regimente und führet alles wohl«, EG 361,7.
(30) Von Gottes Namen muss man Geschichten erzählen. Gott segnet Jaakob. Das bedeutet doch erstens: Es ist Gottes Art und Weise, durch seine Niederlage zu siegen. Und zweitens: Um auf Siege zu verzichten, braucht Jaakob die Fülle seines Segens. Und zum Dritten: Wenn wir aufhören zu siegen, werden wir leben. Es kommt darauf an, mit Gott Schritt zu halten.

Kapitel 33

(4) Im hebräischen Text ist jeder Buchstabe des Wortes für »küssen« mit einem Punkt darüber versehen, was heißen soll, dass dieses Wort nicht zu lesen ist, aber durch die Punkte fällt es besonders ins Auge und wird dadurch eingeprägt!
(10) Das Angesicht Gottes begegnet Jaakob im Angesicht Esaws. Die liebende Zuwendung des Bruders entspricht der liebenden Zuwendung Gottes: Gott ist Liebe (1. Joh 4,21) gilt auch hier.
(11) Im Vers 10 spricht Jaakob nur von einem Geschenk, jetzt aber von Segen, den Esaw dann auch annimmt. So gehen beide Brüder aus »ihrer Geschichte« gesegnet davon. So trennen sich beide im Frieden.
(18) Hier erfüllt sich Gottes Verheißung und Jaakobs Forderung: Er kommt im Frieden nach Haus (so Gen 28,21).
(19) Auf diesem Feldstück bei Sichem werden später die

Gebeine Josephs beigesetzt und dieser Vers zitiert (Jos 24,32). Eine Kesitah ist wohl ein als Geldstück dienendes Gewicht. Es wird noch im Buch Hiob (Hi 42,11) erwähnt; hier ist es wahrscheinlich eine Münze bzw. ein Goldstück.

Kapitel 34

(7) Das grauenhafte Verbrechen einer »Schandtat in Jisrael« (Ri 20,6) wird im Richterbuch mit Entsetzen benannt, Kapitel 19,22-30.
(31) Es gibt Geschichten und Ereignisse, die mit einem Fragezeichen einen »offenen Schluss« provozieren. Die Antwort soll der Leser, die Hörerin finden; so besonders eindrücklich auch das Buch Jona, das einzige Buch der Schrift, das mit einem Fragezeichen endet.

Kapitel 35

(1) Nach der Tragödie und Katastrophe von Sichem greift Gott in die Geschichte ein – und Jaakob muss weiterziehen.
(2) Den Namen des Ortes kann man verschieden verstehen und übersetzen: »Gott von Bethel«, »der Mächtige ist in Bethel« oder aber auch »Gott Bet-El«; leitet man die Bedeutung von der Begegnung ab, empfiehlt sich zu sagen: »Gott ist in Bethel«, denn dort hat sich ihm Gott offenbart.
(11) Zumeist wird übersetzt: »Gott der Allmächtige«, es geht aber nicht um Macht, sondern um Fruchtbarkeit, Nahrung und Vermehrung, die Gott gibt.
(18) Ben-Oni kann auch als »Sohn meiner Kraft«, d. h. die Lebenskraft, die die Mutter durch ihr Leben dem Sohn schenkt, verstanden werden; Benjamin kann auch »Sohn der Rechten«, d. h. der Geliebten, bedeuten.

(29) Die versöhnten Brüder treffen sich am Grab ihres Vaters wieder: ein schönes Bild für den brüderlichen Frieden – in Trennung.
(21) In Mi 4,8 wird dieser Ort Migdal-Eder zusammen mit dem Zion genannt und darf daher in der Nähe von Jerusalem gesucht werden; seine Lage ist nicht bekannt.

Kapitel 36

(7) Das Land ist begrenzt, und der Reichtum trennt die Brüder im Frieden. So haben sich auch Abraham und Lot voneinander getrennt (13,6).
(24) Dieses Wort für »heiße Quellen« kommt nur an dieser Stelle in der Bibel vor. Martin Buber übersetzt mit »Sprudel« die Einheitsübersetzung mit »Wasser«, Moses Mendelssohn lässt das Wort unübersetzt als »Jemim« im Text stehen. Die Vulgata spricht von »aqua calida«, heißem Wasser. Was gibt es Schöneres in der Wüste zu finden als Wasser!
(37) Im hebräischen Text steht der Name des Euphrat nicht, sondern nur »der Strom«, was ansonsten eben der Euphrat ist.

Kapitel 37

(2) Der letzte Satz kann auch so übersetzt werden: »Joseph aber überbrachte das üble Gerede über sie ihrem Vater«, was freilich einen ganz anderen Sinn ergibt.
(36) Dies ist ein wichtiger Satz, denn kein Vorurteil hält sich in unserer Geschichte so hartnäckig wie dieses: Die Brüder haben Joseph verkauft. Nein, das haben sie nicht. Die Brüder wollten Joseph an die Jischmaeliter verkaufen. Aber es kam anders: Die Midianiter zogen Joseph

aus der Zisterne und verkauften ihn an die Jischmaeliter, und diese verkauften ihn in Ägypten an Potiphar. Die Midianiter haben Joseph nicht in Ägypten verkauft, sondern nach Ägypten, vermittels der Jischmaeliter (so auch 39,1).

Kapitel 38

(8) Hierbei handelt es sich um die sog. Leviratsehe (von dem lat. Levir, Bruder des Ehemannes; darum: Schwagerehe), d. h. der Schwager ist verpflichtet, mit der Frau seines verstorbenen Bruders einen Erben zu zeugen, damit der Erbbesitz an Land der Familie nicht verloren geht und die Witwe eine Versorgung im Alter bei ihrem Sohn hat. Dieses Gesetz steht im Deuteronomium (5. Mose) 25,25 und 26.
(21) Hier wird nicht das Wort für eine Hure gebraucht, sondern die Bezeichnung für eine »kultprostituierte Tempeldirne«.
(24) Möglicherweise sollte Tamar sogar »verbrannt« werden; sie als »Gezeichnete« aus der Gesellschaft auszustoßen gleicht einem Todesurteil auf Zeit.
(26) Tamar hat ihren Schwiegervater zur Erfüllung der »Schwagerehe« überlistet. Natürlich ist der geschlechtliche Umgang des Schwiegervaters mit seiner Schwiegertochter bei Todesstrafe untersagt (Leviticus, 3. Mose 20,12). Mit ihrem Unrecht hat Tamar das Recht herbeigeführt. Darum ist sie eine »Gerechte«, denn das Recht auf Leben und Liebe bricht das Gesetz.

Kapitel 39

(1) Nochmals: Die Midianiter verkaufen Joseph an die Jischmaeliter, und diese verkaufen ihn an Potiphar. Der Name Potiphar bedeutet: »Der, den Re gegeben hat«. Re

ist der große Sonnengott, der in vielen Namen vorkommt, sind doch die Menschen aus den Tränen von Re entstanden.

Kapitel 41

(25) Der Pharao wird so ausgezeichnet wie Abraham (Gen 18,17) und Amos (Am 3,7), denen Gott ankündigt, was er tun will. Joseph redet gegenüber dem Pharao immer von der Gottheit bzw. dem Gott, ohne einen Namen zu nennen. Das ist weisheitlich, dialogische Rede, so kann jeder an seine Gottheit denken: Pharao und Joseph sind vom Handeln der Gottheit in der Geschichte überzeugt.

(40) Der Text ist hier ganz unsicher; das hebräische Verb nsq bedeutet küssen: »auf deinen Mund soll mein Volk dich küssen«. M. Görg hat das ägyptische jsq »warten, innehalten« vorgeschlagen, dessen Vorschlag hier gefolgt wird.

(43) Auch ist der Text unsicher: ABRK (abrek) ist wohl ein unbekanntes ägyptisches Wort im Sinne von »auf die Knie« oder »erweist Ehre«. Martin Luther übersetzt sehr schön: »Der ist des Landes Vater«, was man zu seiner Zeit gewiss verstanden hat. Die hebräische Wortfolge gibt einen »geheimen Sinn«: »ich segne, ich bin ein Segen«, was zu der Geschichte gut passt.

(45) Der ägyptische Name »Zafenat-Paneach« bedeutet: »Gott spricht: Er möge leben.« Asenath bedeutet: »zur Göttin Neith gehörend«. Neith ist die Göttin der Weisheit und des Krieges, von den Griechen mit Athena identifiziert.

(46) Dreißig gilt als vollkommenes Alter: David wird mit dreißig König zu Hebron (2. Sam 5,4), und Jesus beginnt in diesem Alter öffentlich aufzutreten (Lk 3,23).

Kapitel 42

(6) Das ist nicht die Erfüllung des Traumes, denn die Brüder wissen nicht, dass es Joseph ist, sie verneigen sich vor dem ägyptischen Gebieter des Landes.
(18) »Ehrfurcht vor Gott« (Gottesfurcht) ist das Kennzeichen für weisheitliche Theologie schlechthin, so auch Hi 1,1; Prov 1,7; Qoh 12,13; Gen 22,12.

Kapitel 43

(14) Zu der Übersetzung von »El Schaddaj« als Allernährer siehe die Anmerkung zu Gen 17,1.

Kapitel 44

(16) Die Brüder sind mit ihrem Bruder Benjamin solidarisch, sie tragen mit an der »schuldlosen Schuld«.
(34) Jehudah hat sich als »seines Bruders Hüter« erwiesen!

Kapitel 45

(8 und 26) Joseph ist zum »Versorger (Herrscher) Ägyptens« bestellt. Hier erfüllt sich die Auslegung des ersten Traumes Josephs durch die Brüder: Er wird nicht König (MLK), sondern Herrscher (MSCHL), d. h. Versorger. Es ist die Weise, in der auch einst der Messias »Herrscher« wird, so Sach 9,10 und Mi 5,1. Joseph ist hier ein »Vorläufer des Messias«, in der messianischen Zeit wird kein Mensch auf der Welt mehr verhungern.

Kapitel 46

(2) In der nächtlichen Erscheinung sieht Jaakob nichts – vielmehr hört er Gottes Stimme. Die doppelte Namennennung signalisiert besondere Dringlichkeit und genauestes Hören des Angerufenen. So ruft Gott auch zu Abraham (Gen 22,11: sein Engel), Mose (Ex 3,4: Sein Engel aber erschien ihm) und Samuel (1. Sam 3,10). Vgl. auch Martha (Lk 10,41) und Saulus (Apg. 9,4).
(26) Im Hebräischen werden hier die Nachkommen beschrieben als die, »die aus seiner Hüfte hervorkommen«.
(31) Die Familie wird immer als »Haus des Vaters« genannt.

Kapitel 48

(3) Martin Luther übersetzt das hebräische »El Schaddaj« mit der »allmächtige Gott«; Martin Buber mit der »gewaltige Gott«; die lateinische Vulgata mit »Deus omnipotens« (= der allmächtige Gott); das Thema in der Genesis, in den Erzählungen der Mütter und Väter, ist aber nicht die Allmacht, sondern die Ernährung und Bewahrung vor Hunger: Es ist Gott, der die Ernährung gibt – für »alle Welt« (siehe auch die Anmerkung zu Kap. 17,1).
(15) Mit Joseph ist das »Haus Joseph« gemeint, d. h. nicht Joseph, sondern seine Söhne und mit ihnen ihre Nachkommen.

Kapitel 49

(1) Die »Späte des Tages« meint »in Zukunft«; im Hebräischen liegt die Zukunft »im Rücken« und vor Augen die Vergangenheit.

(2) Es sind die letzten Worte Jaakobs, kein »Segen Jaakobs«, denn gesegnet wird nur Joseph; es ist eine Versammlung der Söhne am Sterbebett des Vaters.
(8) Andere Übersetzung: »Dich preisen deine Brüder.«
(10) »... bis er nach Schilo kommt«: Die Übersetzung ist hier ganz unsicher: Ist mit Schilo eine Person, die sonst nirgends genannt wird, oder der Ort des Heiligtums, in welchem die Lade stand, oder gar eine grammatische Wendung »bis er kommt in das Seine« gemeint?
(25) Der »Allernährer«, Schaddaj, der »Allmächtige«; aber auch hier geht es um die Segnungen der Ernährung und der Fruchtbarkeit.
(26) Die »Segnungen der Berge« wird nach dem griechischen Text der Septuaginta gelesen; hebräisch »meine Eltern«.

Kapitel 50

(5) Joseph muss den Pharao um Erlaubnis fragen, denn er ist nicht »Herr in Ägypten«, sondern des Pharao Knecht, d. h. sein Minister für Wirtschaftsangelegenheiten.
(10) Hier wird der »Einzug Israels« nach der Befreiung aus der Knechtschaft in Ägypten »vorgebildet«. Denn Jisrael zog von jenseits des Jordan in das gelobte Land.
(18) Erst jetzt erfüllt sich der Traum Josephs: Die Brüder fallen vor ihrem Bruder nieder; bisher nur vor dem »großen Mann in Ägypten«.
(20) Das große Volk ist das Volk der Ägypter.
(24) Heimsuchung ist hier ein positiver Begriff: heimisch werden, Heimat, Zuhause finden durch Besuch. Wo man nicht besucht wird, ist man nicht zu Hause. Heimsuchung Gottes schenkt Heimat und Freiheit: Gott sucht Jisrael heim und führt sie nach Haus. Das ist der Exodus; in Ex 3,16f wird diese Heimsuchung ausdrücklich bestätigt.

(26) Jisrael wird einst mit »zwei Kästen« in das Land Kanaan einziehen, mit der »Lade des Bundes« und dem »Sarg der Gebeine«; das Hebräische benutzt für den Sarg dasselbe Wort wie für die Lade: »Aron«. So steht der Sarg auf Hoffnung und Zukunft – für das Leben und nicht den Tod.

Ich danke herzlich Susanne Kramer und Cordula Finger für die Bearbeitung meines Manuskriptes.

Bitte, beachten Sie auch die folgenden Seiten

Lieferbare Radius-Bücher Eine Auswahl

Martin Bauschke: Abraham und Aschenputtel
Brückenschlag zwischen Bibel und Märchen
Gerhard Begrich: *siehe Seite 4*
Peter Bichsel: Im Hafen von Bern im Frühling
Hans-Ulrich Carl: An-Sichten. 99 Versuche, sich einem Bild zu nähern am Beispiel der »Kreidefelsen auf Rügen« von Caspar David Friedrich
Christoph Dinkel (Hg.): Im Namen Gottes
Kanzelreden zu den sechs Perikopenreihen. 6 Bände
Wolfgang Erk (Hg.): Neues Jahr – neues Glück!
Literarische Texte zum Geburtstag und zur Jahreswende
Traugott Giesen: BIBEL-Energie. Die wichtigsten Bibeltexte
Klaus-Peter Hertzsch: Chancen des Alters. Sieben Thesen
Klaus-Peter Hertzsch: Der ganze Fisch war voll Gesang
Klaus-Peter Hertzsch: Sag meinen Kindern, dass sie weiterziehn
Erinnerungen
Reinhard Höppner/Michael Karg (Hg.):
Das Erbe der Bekennenden Kirche in der DDR
Reinhard Höppner/Joachim Perels (Hg.):
Das verdrängte Erbe der Bekennenden Kirche
Walter Jens: Das A und das O. Die Offenbarung
Walter Jens: Der Römerbrief
Walter Jens: Die vier Evangelien
Klaus-Peter Jörns: Glaubwürdig von Gott reden
Gründe für eine theologische Kritik der Bibel
Eberhard Jüngel: Anfänger. Herkunft und Zukunft christlicher Existenz
Eberhard Jüngel: Außer sich. Theologische Texte
Eberhard Jüngel: Erfahrungen mit der Erfahrung
Eberhard Jüngel: Predigten, Bde. 1 bis 7 *(auch einzeln erhältlich)*
Otto Kaiser: Das Buch Hiob. Übersetzt und eingeleitet
Otto Kaiser: Kohelet. Das Buch des Predigers Salomo
Otto Kaiser: Weisheit für das Leben. Das Buch Jesus Sirach
Otto Kaiser: Die Weisheit Salomos
Wolf Krötke: Aufatmen
Ost-westliche Einübungen in die christliche Freiheit
Werner Krusche: Ich werde nie mehr Geige spielen können
Erinnerungen
Gerd Lüdemann/Martina Janßen: Bibel der Häretiker. Nag Hammadi
Henning Luther: Religion und Alltag
Rüdiger Lux: Grenzgänge des Glaubens
Auf den Spuren des Unsichtbaren

Kurt Marti: DU. Rühmungen
Kurt Marti: Die gesellige Gottheit. Ein Diskurs
Kurt Marti: Gott im Diesseits. Versuche zu verstehen
Kurt Marti: Prediger Salomo. Weisheit inmitten der Globalisierung
Kurt Marti: Die Psalmen. Annäherungen
Kurt Marti: Von der Weltleidenschaft Gottes. Denkskizzen
Gerhard Marcel Martin: Das Thomas-Evangelium
Gerhard Marcel Martin: Was es heißt: Theologie treiben
Pierangelo Maset: Geistessterben. Eine Diagnose
Pierangelo Maset: Wörterbuch des technokratischen Unmenschen
Elisabeth Moltmann-Wendel: Gib die Dinge der Jugend
mit Grazie auf. Texte zur Lebenskunst
Elisabeth Moltmann-Wendel: Der auf der Erde tanzt
Spuren der Jesusgeschichte
Karl-Heinz Ronecker: Liedpredigten
Karl-Heinz Ronecker: Mit Literatur predigen
Martin Scharpe (Hg.): Erdichtet und erzählt I und II
Das Alte / Das Neue Testament in der Literatur
Asta Scheib (Hg.): Atem der Erde. Lyrik zu den vier Jahreszeiten
Wieland Schmied: Bilder zur Bibel
Maler aus sieben Jahrhunderten erzählen das Leben Jesu
Wieland Schmied: Von der Schöpfung zur Apokalypse
Bilder zum Alten Testament und zur Offenbarung
Gunda Schneider-Flume: Realismus der Barmherzigkeit
Friedrich Schorlemmer (Hg.): Das soll Dir bleiben
Für morgens und abends
Fulbert Steffensky: Gewagter Glaube
Fulbert Steffensky: Mut zur Endlichkeit
Sterben in einer Gesellschaft der Sieger
Fulbert Steffensky: Der Schatz im Acker. Gespräche mit der Bibel
Fulbert Steffensky: Schöne Aussichten. Einlassungen auf biblische Texte
Fulbert Steffensky: Schwarzbrot-Spiritualität
Fulbert Steffensky: Wo der Glaube wohnen kann
Fulbert Steffensky: Die Zehn Gebote
Fulbert Steffensky (Hg.): Ein seltsamer Freudenmonat
24 Adventsgedichte und 24 Adventsgeschichten
Jörg Uhle-Wettler: Spiel mir das Lied vom Leben
Hanna Wolff: Jesus als Psychotherapeut

Radius-Verlag · Alexanderstraße 162 · 70180 Stuttgart
Fon 0711.607 66 66   Fax 0711.607 55 55
www.Radius-Verlag.de   e-Mail: info@radius-verlag.de